Die

Enthusiasten des Exports.

Eine

wirthschaftliche Studie aus Oesterreich

von

Gustav v. Pacher,
(Benno Weber).

Leipzig
Verlag von Veit & Comp.
1875.

Vorwort.

Am Tage der Eröffnung des ersten Congresses der österreichischen Volkswirthe, am 5. April d. J., ist der Schluß dieser Schrift an den Verleger abgegangen. Trotz des lebhaften Antheils, mit welchem ihr Verfasser den Verlauf der Hauptschlacht, derjenigen in der Zollfrage nämlich, am dritten Congreßtage verfolgte, will derselbe es absichtlich vermeiden, einige kurze Bemerkungen abgerechnet, neue Gedankenreihen in dieser Frage, welche sich ihm dort etwa gezeigt haben könnten, in den Inhalt der Schrift aufzunehmen.

Es wird im Gegentheile eher seine Sorge sein, noch nachträglich manche Härte des Ausdruckes zu mildern und hie und da eine allzuscharfe Spitze abzubrechen, umsomehr als die ritterliche und gewinnende Persönlichkeit und Kampfesweise der meisten seiner Gegner, welche er dort kennen zu lernen oder doch kämpfen zu sehen die Gelegenheit hatte, es ihm hie und da recht sauer erscheinen lassen, mit dem Schwerte dreinschlagen zu müssen. Er möchte aber ebenso bei seinen Gegnern den Verdacht vermeiden, daß irgend ein Hieb persönlich vermeint sein könnte, der im Voraus ganz generell ausgetheilt worden war, wie auch bei seinen Genossen, daß er mit ihren Pfeilen seinen Köcher nachgefüllt habe. Die Gefahr liegt hier nahe genug, und diejenigen, welche diesen Worten Glauben schenken, werden in vorliegender Schrift gar viele Merkzeichen finden, daß uns die Argumente unserer Gegner schon vorher recht geläufig waren, und daß sich in vielen Fällen die Beantwortung derselben von unserm Standpunkte aus von selbst ergibt. Trotzdem glaubt ihr Verfasser die Schrift nicht umsonst geschrieben, hie und da einen neuen Gesichtspunct aufgefunden und vieles Beherzigenswerthe dem Verständniß großer Kreise näher gelegt zu haben.

Vom Inhalte der Congreßdebatte reizt es ihn nur einen einzigen Punct der gegnerischen Ausführungen nachträglich und zwar in diesem Vorworte zu erwähnen, so unbedeutend derselbe erscheinen mag. Es reizt ihn derselbe einerseits durch seine handgreifliche Unstichhältigkeit, andererseits deßhalb, weil das vernehmliche Beifallsgemurmel der Genossen des Sprechers zeigte, daß sie dieser Ausführung eine schlagende Beweiskraft zuerkennen.

Nachdem nämlich der Redner die Thatsache zugegeben hatte, daß die letzteren Handelsverträge doch in einigen Positionen zu rasch dem angeblichen Zuge der Zeit nach dem Freihandel und dem wirthschaftlichen Fortschritte im Sinne unserer Gegner gefolgt seien und dadurch eine Schädigung der Existenzbedingungen irgend welcher Theile unserer Industrie im Gefolge gehabt haben könnten, fuhr derselbe etwa mit diesen Worten fort: „Wenn aber ein Wanderer einen steilen Berg, anstatt „der Schlangenwindungen der Straße zu folgen, geradenwegs hinan„steigt und dann augenblicklicher Erschöpfung halber inne halten „muß, — ist dieß ein Grund, daß er wieder einen Theil des Berges „hinabsteige?“

Nun, diesem armen Wanderer muß bei seinem hitzigen Bergsteigen noch ein Stein in den Stiefel gekommen sein oder er muß sich Blasen an die Füße gegangen haben, sonst könnte er in dieser Vergleichung nicht so erbärmlich hinken*). — Wenn er erschöpft ist, wird er sich an Ort und Stelle niedersetzen; wenn er unterwegs seine Geldbörse verloren hat, wird er zurückkehren müssen um sie zu suchen, — — der eine Vergleich ist gerade so äußerlich, so unzutreffend, so nichtsnutzig wie der Andere.

Etwas mehr dem Wesen der Sache entsprechend dürfte es sein, vom österreichischen Gewerbfleiße als von einem Manne zu sprechen, welchem vom Arzte (ohne daß wir für dieß Mittel einstehen) zur Stärkung seiner Kräfte empfohlen wurde, alle Tage einen ausgiebigen Spaziergang zu unternehmen, und zwar, seiner zunehmenden Uebung entsprechend, die Länge des Weges auszudehnen. Nachdem unser Patient durch einige Zeit jeden Tag vier Stunden tapfer marschirt ist, meint der Arzt, er solle nun einmal seine Kräfte besser versuchen, und von jetzt an täglich einen Weg von sieben Stunden zurücklegen. Den übernächsten Tag findet der Arzt den muthigen Wanderer krank, erschöpft und mit geschwollenen Füßen im Bette liegend. „Lieber Herr Doctor, sieben Stunden das geht nicht; sagen wir fünf!" „„Schämen Sie sich, mein Freund! daß sieben Stunden für Sie zu viel sind, das sehe ich auch; aber nun haben Sie's einmal

*) Ein logisch organisirter Kopf muß sofort herausfühlen, daß hier das tertium comparationis mangelt. Das Verhältniß zwischen Kraft und Last (Concurrenzfähigkeit und auszuhaltender Concurrenz; Muskelkraft und Bergesanstieg), welches nach der Absicht des Urhebers dieses Gleichnisses doch allein ein solches Gemeinschaftliches der Vergleichung hätte abgeben können, ist hier vollkommen unstatthaft, weil dieses Verhältniß in der Sache selbst genau durch die Höhe des jeweiligen Zollsatzes stufenweise gegeben ist, mit der Erniedrigung ungünstiger, mit der Erhöhung günstiger wird; während im Gleichniß weder ein Zuwachs an Kraft, noch eine Verminderung der Last entsteht, wenn der Wanderer eine bereits erklommene Höhe wieder zurückschreitet. Oder anders ausgedrückt: Der Wanderer erholt sich durch Ausruhen, die Industrie aber erholt sich durch das Forttragen einer zu schwer befundenen Last gewiß nicht.

angefangen, nun bleiben Sie dabei; an dem Princip des Fortschritts dürfen Sie sich nicht versündigen"".

Beim Anhören jener sonderbaren oratorischen Ausführung, welche aus lauter Angst, die Verwirklichung der freihändlerischen Ideale könne verzögert werden, es nicht gestatten will, einen erkannten wirthschaftlichen Fehler zu corrigiren und das Fortwirken einer zugestandenen Ursache der Schädigung des Volkswohlstandes zu beseitigen, kam dem Schreiber dieser Zeilen eine Scene aus einem ältern französischen Lustspiele ins Gedächtniß, in welchem ein Eisenfresser, um einen, ihn in seine Schranken verweisenden Gegner einzuschüchtern, diesem zudonnert:

„Sachez, Monsieur, que je ne recule jamais".

„„Quant à moi"" erwiderte dieser gelassen, „„c'est justement le contraire; je recule toujours lorsque je vois, que je me suis trop avancé"".

Wien, den 9. April 1875.

Der Verfasser.

I.

„Export! Export!“

„Im Export liegt das Geheimniß unserer wirthschaftlichen Wiedergeburt“.

Der Bettelnarr, welcher sich für den Großmogul hält, besteckt seine Kappe mit Pfauenfedern, verbrämt sie mit Flittergold und hängt über die Löcher seiner verschlissenen Jacke blinkende Blechstückchen an schillernden Bändern. Wenn nun Regen und Schnee ihm durch die Fetzen seiner Königsgewänder auf die bloße Haut schlagen, wenn der Hunger seine Eingeweide durchwühlt, und Beides das dunkle Gefühl in ihm erweckt, daß an seiner Mogulschaft etwas nicht in Ordnung sein müsse, — dann besieht er sich, ob an seinen Attributen nichts fehle, steckt ein neues Band oder eine neue Feder zu den Uebrigen und sagt vergnügt: „So, jetzt kann's losgehen“!

Die unerfahrene, prachtliebende, junge Hausfrau, welche, selbst ohne Vermögen, einen Mann mit bescheidenem Auskommen geheirathet hat, lebt munter in den Tag hinein und schafft sich in ihre Hauswirthschaft all den bunten Plunder, der ihr als Mädchen Aug' und Sinn gefesselt hatte. Wenn nun die Gläubiger ihres Mannes sich nicht mehr mit schönen Worten und sanften Blicken abspeisen lassen, wenn Bäcker und Fleischer auf Borg nichts mehr geben wollen, wenn die Nachbarn über die liederliche Wirthschaft die Nase rümpfen, — dann sagt sie: „Siehst Du lieber Mann, so geht es nicht; die Leute haben keine gute Meinung von uns, — meine Schleppe muß mindestens um eine halbe Elle länger werden, und der Schmuck, welcher mir neulich im Schaufenster so gut gefallen hat — — Du wirst sehen, dann werden wir wieder Credit, und die Leute werden wieder Respect vor uns haben und Alles wird gut gehen".

Es ist uns recht, recht schlecht gegangen in den letzten Jahren.

Wir hatten uns für reiche Leute gehalten, für wirthschaftliche Leute und namentlich für kluge Leute. Schien ja doch der Erfolg zu beweisen, was für fein und überlegen combinirende Köpfe wir waren, wo Jahr für Jahr die Bilanzen unserer Geldoperationen zeigten, daß wir wieder um so viele Tausende mehr werth geworden waren; und wir warfen uns in die Brust, und traten unser heimisches Pflaster so siegessatt, und blickten so überlegen aus den Fenstern unserer Unnumerirten auf die ganze Welt, als wäre jeder von uns ein Geschäfts- und Finanz- und Wirthschaftsgenie, als hätte jeder an seiner Mutter Brust den Saft gesogen, der uns zu großen Männern macht. Da mußte der böse Feind in den Aufschwung unseres Volkswohlstandes fahren, der uns mit Actien und Coupons und Syndicaten und Cartellirungen so sicher begründet schien; unsere geistreichsten Combinationen gingen in die Brüche; wir verloren den Gewinn eines Jahres und aller Jahre und was wir vorher besessen hatten dazu und unsere großen Finanzgenies standen da, als ob sie jeden nassen Pudel um sein Selbstbewußtsein beneiden würden.

Unsere schönsten Actien sind nichtsnutzige Papierlappen, unsere gewiegtesten Bankdirectoren Zuchthauscandidaten geworden; auf den kostbaren Gründen unserer Baugesellschaften wuchern Distel und Dorn, der Kaufmann steht müssig vor seinem entwertheten Waarenlager, im Kleingewerbe stockt's, die Großindustrie arbeitet mit Schaden oder schließt ihre Arbeitsräume, und die Eisenbahnen zeigen erbärmliche Betriebsresultate. Hier Verlust, dort Mangel, da Elend und dazwischen schreitet der Steuerbüttel, der den Auftrag hat, da wo noch was zu holen ist, alles auf- und durchzustöbern, zu probiren, zu torquiren und zu chicaniren, weil im Uebrigen der Steuerausfall immer noch erschreckend hoch angewachsen ist und an der Wehrkraft des Staates doch nicht gespart werden kann.

Es geht uns recht, recht schlecht in Oesterreich in diesen Jahren!

Aber trösten wir uns; unsere nationalökonomischen Weisen sind dem Grunde des Uebels nicht allein auf der Spur, sondern wackere, gute Leute arbeiten schon mit Macht an seiner Bekämpfung. „Schaut die Schweizer, die Franzosen, und schaut vor Allen die Engländer an! Blickt hin auf ihre Wohlhabenheit, auf die Ordnung in ihrem Staats- und Privathaushalte, auf ihre colossale Capitalskraft, — und vergleicht ihre Ein- und Ausfuhrlisten mit den Unsrigen! Was ist die Ursache ihres materiellen Gedeihens? — — — —, nun, habt Ihr's denn noch nicht? — — — Ihr Export! Und was ist die Ursache unseres materiellen Elends? — — — Was sonst als unser Exportmangel!" Und dabei schweift ihr geistiges Auge über Raum und Zeit; sie denken an die Ophirfahrten der alten Phönicier; vor ihrem Blicke ziehen lustig bewimpelte Schiffe durch die salzigen Wogen; der reiche Kaufherr des Südens lehnt nachlässig an dem ausgeladenen Waarenballen, — gerade wie es auf älteren Wechselblanquetten zu sehen war, — und unsere wackern Nothhelfer gehen auch sogleich ans Werk und gründen Vereine und halten Sitzungen ab, wie man es denn machen müßte um auch unserer heimischen Production die Pforten des Südens und des Ostens und Westens zu erschließen, damit auch wir so reich, so mächtig und so glücklich werden, wie die Engländer.

Oh, Ihr lieben, guten, braven Kinder!

Hüten wir uns, dem Verdachte Raum zu geben, als wollten wir unsern Verkehr über die schwarzgelben und grünrothweißen Pfähle hinaus für eine Narrheit erklären, als wollten wir diejenigen kindischer Bestrebungen zeihen, die dem naturgemäßen Absatze unserer Producte an auswärtigen Märkten die Hindernisse aus dem Wege räumen wollen, welche die Indolenz der Einen, die Unsolidität der Andern unserer Fabrikanten und Händler nach und nach in den Weg gelegt oder doch dort liegen gelassen haben.

Hüten wir uns dahin verstanden zu werden, als wollten wir es läugnen, welch' hohe Blüthe einzelne durch ihre Lage bevorzugte Völker der ausschließlichen Hingabe an das eine Gewerbe danken, welches sich blos damit beschäftigt, die Erzeugnisse der übrigen Gewerbe unter den Erzeugern der verschiedenen Länder auszutauschen, — als wollten wir den großen Gewinn läugnen, welchen industriell übermächtige Staaten aus der bald mit Waffengewalt erzwungenen bald mit diplomatischer Schlauheit erschlichenen Consumtionsabhängigkeit fremder Völker ziehen.

Enthusiasten des Exports nennen wir nur diejenigen unserer heimischen Volksheilkünstler, welche, nachdem das Wundermittel der Wohlstandskraftentfaltung durch innerliche Creditaufblähung sehr zum Schaden des Patienten ausgefallen ist, diesen jetzt ins Ausland schicken wollen, damit er sich an ferne sprudelnden Goldquellen die Kraft hole, welche er an der ersten Kur verloren hat.

Enthusiasten des Exports nennen wir diejenigen, welche in dem Steigen und Fallen der alljährlich die Gränze passirenden Werthmengen einen verläßlichen Thermometer gefunden zu haben glauben, an welchem die Temperatur unserer Volksarbeit und unseres Volkswohlstandes jederzeit ohneweiteres gemessen werden kann, und welche ferner meinen, man brauche nur das Quecksilber des Thermometers steigen zu machen, so steige auch die Temperatur, — man brauche nur Ein- und Ausfuhr zu beleben, so erhöhe sich auch der Werth der Volksarbeit.

Enthusiasten des Exports nennen wir alle diejenigen, welche die rings und dicht um sie klaffenden, weiten Lücken unseres einheimischen Bedarfs getrost den Fremden zur Ausfüllung überlassen, um dem Perser, dem Hindu und dem Japanesen das anzuhängen, was er vom Engländer, Franzosen und Schweizer weit besser und billiger haben kann; welchen die Nothwendigkeit der Handelswaare, weite Entfernungen zurückzulegen, nicht auf das kleinste Maaß beschränken wollen, sondern, denen nicht wohl ist, wenn nicht der größte Theil des Werthes der Waare im Rauche der Locomotive und des Dampfschiffes aufgegangen ist.

Enthusiasten des Exports endlich die, welche gleich bei der Hand sind, den einheimischen Gewerbfleiß da, wo er zur Ausgleichung ungünstiger Concurrenzbedingungen auf dem inländischen Markte des Schutzes bedarf, als Treibhauspflanze zu verurtheilen, welche aber nicht müde werden, mit Vereinsbeiträgen zu fünf Gulden jährlich, mit populären Vorlesungen und Gratisversendung von Preiscouranten, die stolze Palme des Welthandels da großziehen zu wollen, wo ihr das ärmlichste Bischen Erdreich fehlt um darin zu wurzeln; welche endlich die kostspielige Unterhaltung goldgestickter Gesandtschafts- und Consulatsuniformen in Ländern, welche nie der Fuß eines österreichischen Kaufmanns betritt, für eine gesunde, wirthschaftliche Auslage und den Abschluß von Handelsverträgen daselbst für eine wirthschaftliche That halten.

Wir wollen den klugen und wohlmeinenden Männern gleicher Richtung gewiß mit den folgenden Worten nicht nahe treten, aber Narren, Gecken und Heuchler haben das unter sich und mit den Kindern gemein, daß es ihnen nicht um den Erfolg, sondern um den Schein desselben zu thun ist; die Ersten weil der Unterschied und Zusammenhang zwischen Mittel und Zweck ihrem Geiste abhanden gekommen ist, die Zweiten weil ihnen der Schein Selbstzweck, die Dritten weil er ihnen Mittel zu fremdem Zwecke geworden, die Vierten, die Kinder, endlich, weil die Natur sie anleitet den Gebrauch der Mittel zu üben, bevor sie noch die Kraft haben deren Zwecke zu erreichen.

Man könnte die Leute ja alle ruhig ihr Wesen treiben und ihr Liedlein singen lassen, wäre bei uns nicht die große Masse des Volkes in ökonomischen Dingen noch auf der Stufe der Kindheit, wo es mit gleicher Leichtigkeit zum Heile und zum Verderben geleitet werden kann; wäre in unsern höhern Kreisen der Geck nicht die tonangebende Figur; könnte der Heuchler den blauen Dunst nicht gar so gut brauchen und fänden die ernsthaften Narrenprediger nicht eine so gläubige Zuhörerschaft bis in die leitenden Kreise unserer Handelspolitik.

So wie es Exportenthsiasten gibt, so mag es auch Absperrungsnarren geben, welche nicht um ein Haar besser zu sein brauchen als jene. Diese Letzteren; meist plumpe, bornirte Gesellen, sind durchaus harmlos und ungefährlich, weil sie kein Publicum finden, das ihnen zuhorcht. Die Exportnarren aber sind die gemeinschädlichen aus der Sorte, von welcher einer zehn macht. Darum bekämpfen wir gerade diese.

„Wo Bewegung ist, da ist Wärme, da ist Leben" rufen unsere Männer der Phrase, „wo Stillstand ist, da ist der Tod". Also nur flott drauf los bewegt, und Hunderte von Meilen das hin- und hergeschoben, was eben so gut an Ort und Stelle hätte bleiben können. In der Mechanik verfolgt man mit Aengstlichkeit das Ziel, mit dem geringsten Arbeitsaufwand die größte Leistung zu erhalten; in der Mechanik sieht man darauf, jede unnöthige Reibung zu vermeiden, nicht aber darauf, daß die Räder recht schnurren und die Hämmer stark klappern; in der Mechanik ist man eben wirthschaftlich geworden. Unsere modernen Volkswirthe wählen das entgegengesetzte Princip; Kraftersparniß ist ihre Sache nicht, sie vergessen, was mit dem unnützen Hin- und Herrollen an wirklicher, productiver Arbeit hätte geleistet werden können; die Bewegung ist ihnen zum Selbstzwecke geworden.

Man greift sich an den Kopf, und fragt erstaunt: ist der Verkehr der Schiffe und Eisenbahnen wegen, oder sind die Schiffe und Eisenbahnen des Verkehrs wegen da; sind wir vielleicht alle nur auf der Welt, damit die Spediteure ordentlich zu thun haben; sind unsere zunftgerechten Nationalökonomen Narren, oder sind wir es?

„Der freie Handel ist nur ein Theil der großen, all-„gemeinen Freiheit; man verstümmelt unsere Göttin, wenn man „sie dieses einen Gliedes beraubt; es gibt kein Gebiet wo der Zwang „der Freiheit vorzuziehen ist; jedes Streben nach Eindämmung des „Verkehrs in engere Gränzen ist Zwang, — ist also verwerflich. „Wird aber frei eingeführt, so wird auch viel eingeführt; so müssen „wir auch viel ausführen, um das Eingeführte bezalen zu können. „Wir müssen eintreten in den großen Wettkampf der europäischen „Völker, unsere Flagge muß wehen in allen Weltmeeren, unsere „Gewerbs- und Bodenerzeugnisse müssen in den Handelsplätzen „aller Erdtheile prangen".

Aber die Flagge wehte nicht und die Perlmutterknöpfe und Drechslerwaaren prangten nur höchst dürftig in fernen Landen. Es wehte immer nur das windige Wort unserer heimischen Phrasendrescher, Großmäuler und Enthusiasten, und an vielen Welthandelsplätzen prangte nichts als die schöne Uniform unserer Consularvertreter, denen dann, als beliebten Sündenböcken unseres Handels- und Gewerbestandes, die Schuld in die Schuhe geschoben wurde, daß der Export mit unsern unconcurrenzfähigen Waaren nicht in Schwung kommen wollte.

Mit den Freiheitsschwärmern, welche ohne nähere Prüfung den absoluten Freihandel deßwegen auf ihre Fahne geschrieben haben, weil das Wort die Silbe „Frei" an der Spitze trägt, ist ja überhaupt nicht zu streiten. Das ist dann eine sentimentale Silbenstecherei, welche logischen Gründen gewiß nicht zugänglich ist; man könnte ihnen höchstens sagen, sie sollen nicht vergessen, auch den Freimann und den Freibeuter in ihr Freiheitsinventarium aufzunehmen. — Für uns ist die Richtung der Handelspolitik eine Frage des nationalen Interesses, und mit einer verwaschenen Gefühlsduselei wird man ihrer Lösung nicht näher kommen. Wenn zwei Individuen einen Vertrag abschließen zu gegenseitiger Abnahme ihrer Erzeugnisse, so schließt dieß allerdings eine Beschränkung der Freiheit ihrer Handlungsweise in sich — es ist aber durchaus nicht ausgemacht, daß diese Beschränkung zum Schaden der vertragschließenden Theile ausschlagen müsse.

Dieses Reis vom Freiheitsbaume wurde im Lande Oesterreich gepflanzt, nachdem die Seressaner in Wien und die Kosaken in Vilagos den Boden dazu bearbeitet hatten. Es war nebst der Freiheit der katholischen Kirche die einzige, welche in jenen Jahren uns geboten wurde; es war auch die Einzige, mit welcher Kaiser Napoleon III. Frankreich beglückt hatte, und ganz speciell ihretwegen griff der sclavenhälterische Süden der nordamerikanischen Union im Jahre 1862 zum Schwerte. Man sieht also, dieses Töchterlein der großen Mutter Freiheit hielt sich gern in anrüchiger Gesellschaft auf, welche nur zu sehr geeignet war, ihren Namen zu compromitiren. Lassen wir darum lieber überhaupt den Namen und die Phrase beiseite und halten wir uns an die Sache.

Wie bewunderungswürdig klar und richtig haben die Engländer den Weg erkannt, welchen ihr Vortheil sie zu gehen anwies, und mit welch' ruhiger Consequenz haben sie ihn verfolgt: So lange die Productionsbedingungen ihrer einheimischen Industrie ungünstigere waren, als diejenigen des Auslandes, verschlossen sie diesem ihren Markt; in der belebenden Wechselwirkung territorial verbundener Landwirthschaft und Industrie wuchs letztere rasch heran; dem in sklavenmäßiger Unterthänigkeit gehaltenen ausgedehnten Colonienbesitze wurde die Abnahme der englischen Gewerbserzeugnisse mit eiserner Härte aufgezwungen, der Betrieb eigener Industrien dagegen ebenso gewaltsam unterdrückt, — und als in Folge aller dieser „Treibhausmittel" die englische Fabrication die entwickeltste, die bestversorgte und somit auch die billigsterzeugende der Welt war, da öffnete man die Thore und die Zollschranken; Manchester stellte die alleinseeligmachende Lehre vom free trade auf, und seine Apostel gingen in die ganze Welt und predigten das neue Evangelium allen Völkern*);

„Wie der Wolf den Gänsen predigt" heißt die Ueberschrift eines alten Hauses in Wien.

Aber wir vergessen: „Nicht **durch** sondern **trotz** des Schutz„zolles ist die englische Industrie groß geworden". So lautet seit einer Reihe von Jahren die stereotype Antwort auf die Anführung des Beispieles, welches uns die Entwickelung Englands gegeben hat. Natürlich! nicht weil sondern trotzdem die Katze in's Wasser gefallen ist, ist sie naß. Nicht durch die Sonnenstrahlen sondern trotz derselben ist es bei Tage licht. Einer solchen verbohrten Logik müssen sich die Jünger der „einzig-rationellen" und „einzig-berechtigten" Wirthschaftslehre bedienen, da wo diese wunderschönen Kathedertheorien mit den größten und unleugbarsten Thatsachen der Geschichte aneinandergerathen.

„Nur keine Eingriffe in die freie Entwicklung des „Verkehrs; die Natur weiß besser was sie braucht, als der „kurzsichtige Mensch." Also dazu mußten alle die Gestirne am

*) Als im Jahre 1865 der österreichische Reichsrath die Abmachungen der Englischen Unterhändler mit der österreichischen Regierung nicht sofort in allen Einzelheiten annahm, war die englische Presse gleich fertig mit ihrem Urtheile: Die Vertretung der österreichischen Bevölkerung sei noch nicht auf jener Höhe der Bildung und Einsicht, um die Bestrebungen seiner erleuchteten Regierung würdigen zu können.

Himmel der ökonomischen Wissenschaft leuchten, um als letztes Resultat den großartigen Lehrsatz zu verkünden, daß der Mensch aller Wahrscheinlichkeit nach einen dummen Streich macht, so wie er mit seiner Hand an etwas rührt. Laissez faire et laissez passer! Jedenfalls die bequemste Weisheit, die gedacht werden kann. „Besser können wir doch nichts machen, als es von selbst durcheinanderbrodelt, also lassen wir's lieber gehen, sonst könnten wir's ruiniren". Wenn ein Patient, des Herumpfuschens der Aerzte an seinem Körper müde, seine Arzneiflaschen und Heilapparate durch's Fenster, und deren Verabreicher zur Thür hinauswirft, — wenn ein alter gewerblicher Practiker mit seiner Verachtung der technischen Wissenschaften prahlt, — so wird man dieß begreiflich finden. Wenn aber der Arzt erklären würde, die Wissenschaft verbiete, eine Blutung zu stillen, oder einen Absceß zu schneiden oder die Stärkung eines verkümmerten Gliedes zu befördern, dann würde man billigerweise erstaunen.

Ist denn der wirthschaftliche Organismus eines Landes nicht das historische Product ganz bestimmter, theils bekannter theils unbekannter Factoren? Ist es ganz ausgemacht, daß in jedem einzelnen Falle dieses Product ein vollkommenes, tadelloses oder wenigstens unverbesserliches sei? Ist es nicht denkbar, daß diese Factoren die Bildung von Difformitäten, von Verhältnißfehlern, von Einseitigkeiten und Schwächezuständen mit sich gebracht haben, welche die Functionen des ganzen Körpers und seine kräftige Weiterentwicklung zu beeinträchtigen geeignet sind? Reicht das menschliche Erkenntnißvermögen ein für alle Mal nicht so weit, um sich ein Urtheil über die Vorzüge und Nachtheile des wirthschaftlichen Organismus eines Landes zu bilden? Oder um den ursächlichen Zusammenhang zwischen jenen historischen Grundlagen und Einwirkungen und dem vorliegenden Ergebniß aufzufinden? Ist menschliche Macht ganz außer Stande, solche Einwirkungen zu verstärken, abzuschwächen, ihnen entgegenzuarbeiten oder sie zu modificiren?

Die Jünger der absoluten Freihandelslehre, der absoluten Nicht-Interventions-Theorie auf wirthschaftlichem Gebiete dürften diejenigen unter den gestellten Fragen bejahen, welche wir verneinen und umgekehrt.

Wir haben die Hoffnung auf die Möglichkeit eines förderlichen Eingreifens der menschlichen Hand in die Verkehrsgestaltung der menschlichen Gesellschaft nicht verloren. Wir glauben, der Mensch habe dazu denselben Beruf, wie zur Umgestaltung der Oberfläche der Erde zu seinen Zwecken; denselben Beruf wie dazu, den Blitz vom Dache seines Hauses abzulenken, oder Dämme zu ziehen, um das Land vor verheerenden Fluthen zu schützen. Wir muthen ihm die Fähigkeit zu, sich die Einsicht des ursächlichen Zusammenhangs im Güterleben und die Uebersicht über die Thatsachen desselben zu erwerben, ebenso wie die Kraft, auf die von ihm erkannten Ursachen der wirthschaftlichen Erscheinungen, den Gesellschaftszwecken entsprechend, lenkend einzuwirken.

Wir können in der Nicht-Interventions-Theorie auf wirthschaftlichem Gebiete, welche das Grundprincip des Freihandelssystems bildet, da, wo sie nicht wie von den Engländern und überhaupt von den gewerblich überlegenen Nationen den Andern als Köder hingeworfen wird, nur das Ergebniß zeitweiliger Abspannung und Enttäuschung des menschlichen Selbstbewußtseins erkennen, wie wir solche auch in der Medizin, in der Philosophie und gewiß auch in andern Richtungen geistiger Thätigkeit zu beobachten haben, nimmer aber als das letzte Ziel, welches der Wissenschaft gesteckt ist.

Ein großer, durchgehender Unterschied zwischen den Anhängern des Freihandelssystems und ihren Gegnern ist der, daß die Ersteren ihre Lehre der ganzen Welt aufzwingen wollen, während die Letzteren die Handelspolitik von Fall zu Fall den concreten Verhältnissen des betreffenden Staates angepaßt haben möchten. Die Ersteren werden sich größerer Consequenz rühmen; die Letzteren können ihnen vorwerfen, daß sie die Welt in ihrem Kopfe so construiren, daß sie unter allen Umständen zu ihrer Theorie paßt. Kein Anhänger des Schutzzollsystems wird es einem Engländer, Schweizer oder Belgier verübeln, daß derselbe für sein Land den Freihandel durch die ganze Welt befürwortet — aber der Freihändler ist rasch genug bei der Hand, jedermann als bornirt oder selbstsüchtig zu verurtheilen, der erst das Wohl und die Bedürfnisse seines Vaterlandes zu Rathe ziehen will, bevor er der

Fahne des Andern zu folgen geneigt ist. Wer den Erzeugnissen des Engländers seine Thore nicht angelweit öffnen will, den beschießt derselbe entweder mit Kanonenkugeln, wie die chinesischen Hafenstädte, oder er bewirft ihn mit Dr..., wie dieß unserer österreichischen Volksvertretung gegenüber geübt wurde.

Es erscheint ganz natürlich, daß eine Parthei, ein Stand oder eine Gesellschaftsclasse, oder auch unter Umständen ein ganzes Volk einen Zustand, aus welchem die Betreffenden Nutzen ziehen, als etwas unabänderliches, als das einzig naturgemäße hinzustellen trachtet und jeden Angriff dagegen als willkührliche menschliche Störung des natürlichen Ganges der Dinge bekämpft. So haben auch die englischen Nationalökonomen der Manchesterschule mit allen Gründen der Wissenschaft und vielem Talent zum Vortheile der herrschenden Classe die Naturnothwendigkeit der elenden Lage des Arbeiterstandes, die Vergeblichkeit jedes Ankämpfens dagegen in ein eben so schönes und glattes System gebracht als das Bedürfniß aller Völker, mit den Erzeugnissen der englischen Fabriksstädte bekleidet zu werden. Für die erste Behauptung wurde das Gesetz aufgestellt, daß die Summe der Nahrungsmittel sich nur in arithmetischer, das menschliche Geschlecht dagegen in geometrischer Progression zu vermehren strebe, und daß es in dieser Vermehrung so weit gehe, bis der factische Mangel an Nahrungsmitteln, der Hunger und das Elend es zu einer Einschränkung derselben zwinge. Der englischen Gesellschaft in den höheren Ständen paßt diese Lehre vorzüglich, welche ihr jedes Streben nach Verbesserung des Arbeiterloses von vorne herein als Sysiphusarbeit hinstellte, und es ist erklärlich, daß dieselbe daher dort rasch zu unbedingter Geltung gelangte. — Der deutsche Professor aber, der Vertreter jener stolzen deutschen Wissenschaft, welche sich so viel darauf zu Gute thut, daß an ihr alle Völker des Erdballs die ursprüngliche Milch der Weisheit und Bildung saugen, der hatte natürlich nichts Eiligeres zu thun, als vom Katheder herab diese neue Version des Machenlassens und Gehenlassens mit den nöthigen Zuthaten philosophischer Unverständlichkeit und Ungenießbarkeit den deutschen Schülern zu demonstriren und einzuprägen, — und daß dann bei uns Oesterreichern jene Theorie gleichfalls die herrschende wurde, ist nach dem gewöhnlichen Gange der Dinge so ziemlich selbstverständlich.

Wie lange werden wir noch die Narren der Engländer bleiben, dieses alleregoistischsten Volkes, das die Sonne bescheint; dessen Mund immer von den Phrasen der Freiheit, Humanität und Tugend trieft, während seine Augen an den Geldsack seiner Nachbarn geheftet sind, welches seine Begeisterung für alle aufständischen Bewegungen des europäischen Continents durch Abhaltung zahlloser Meetings documentirte, besonders wenn Aussicht auf commercielle Vortheile damit verbunden war, — dessen Grausamkeit aber den niedergeworfenen Indiern gegenüber alle Haynaus, Murawieffs und Napoleons als Stümper im Massenmord erscheinen läßt; dessen alberne Bibelverbreiter in der ganzen Welt herumstänkerten und Seelen retteten, — während im eigenen Lande ihre feisten Pfaffen sich vom Marke einer unterdrückten Confession nährten; das den Freiheitsdeclamationen seiner Volksredner zum Hohne die Sclavenstaaten der nordamerikanischen Union der freihändlerischen Sympathien wegen so lange unterstützte, als dieselben Aussicht auf Erfolg hatten, — dessen Gefühle sich aber dem Norden zuwendeten, als dieser die entschiedene Oberhand erlangte; dessen Mitleidsthränen dem Consumenten jedes auswärtigen Staates fließen, der einen Zoll auf englische Gewerbserzeugnisse legt, — dessen Hand aber jeden Versuch einer selbstständigen ökonomischen Regung der eigenen Colonien so lange mit Gewalt unterdrückte, bis die Gefahr einer Concurrenz überwunden war; dessen fromme Jünglinge in Armenschulen A=B=C=Unterricht ertheilen und Cigarrenabschnitzel zur Aufziehung ausgesetzter Chinesenkinder sammeln, — während seine Waffenfabrikanten auf Schleichwegen mit Don Carlos Geschäfte machen!

Wie viel könnten wir von diesem Volke lernen, das trotz aller Phrasen, die es nicht nur seinen Nachbarvölkern sondern auch seinen eigenen Kindern so lange vorsagt, bis alle davon überzeugt sind, doch sicheren Schrittes den Weg geht, den seine materiellen Interessen ihm vorschreiben. Aber von seinen Werken muß man lernen, nicht von seinen Worten; von seiner Arbeitstüchtigkeit, nicht von seiner Gleißnerei; sein Verständniß und seinen Tact müssen wir zu er=

werben trachten, zu jeder Zeit dasjenige volkswirthschaftliche System in Ausführung zu bringen, welches den äußeren Verhältnissen und der Entwicklungsstufe des Landes entsprechend ist, — nicht aber ohne Rücksicht auf die eigenen Bedürfnisse dasjenige System, welches dort gerade am Ruder ist, in falschverstandener Bewunderung Strich für Strich copiren.

„Aber die allgemeine Richtung der Zeit folgt dem „Zuge des Freihandels" sagen die Freunde der größtmöglichen Steigerung des Waarentransportes, — also dürfen wir natürlich ja nicht zurückbleiben, sondern müssen mitanschieben, auf daß der Welthandel keine Stockung erleide. Dieses Argument, welches ebenfalls zu denjenigen gehört, die seit Langem mit Vorliebe ins Feuer geführt werden, kennzeichnet so recht die wirthschaftliche Auffassung, welche bei uns gang und gäbe ist. Nur nachtreten, immer nachtreten! Das ist so bequem, da kann man das mühselige Denken ersparen; besonders wenn man weiß, daß man mit den eigenen Gedanken immer daneben gegriffen hat, wie viel vortheilhafter, man thut das, was die Andern thun, die schon ihre Gründe dafür haben werden. Immer sind wir in der allgemeinen Richtung dem Zuge der Zeit gefolgt; als es darum nach 1849 mit der Freiheit nicht gehen wollte, und der Zug der Zeit reactionär war, wurden wir „gutgesinnt" und unser Herz schlug höher wenn wir einen Säbel rasseln hörten. Nach 1859 wurden wir liberal, nach 1866 sogar „intelligent" und als ein paar Jahre später der Zug der Zeit nach ungeheurem materiellen Aufschwung des Vaterlandes im Allgemeinen und des begabteren Individuums insbesondere hinging, da gaben wir uns diesem Zuge wiederum mit Wonne hin, trieben die bestehenden Papiere in die Höhe, und fabricirten neue und wurden Schwindler, wie der Zug der Zeit es verlangte.

Endlich wird doch wohl, nach all' den bittern Erfahrungen, die wir mit dem gedankenlosen Nachgeben nach einem Impulse der uns von Außen oder Innen zugetragen wird, die Zeit kommen, wo man auch bei uns in Oesterreich in Politik und Volkswirthschaft die anzustrebenden Zwecke scharf und nüchtern ins Auge fassen wird und ebenso die Mittel, welche zu ihrer Erreichung nothwendig sind. Endlich wird doch das Verständniß für unsere eigenen Interessen erwachen, wir werden uns gewöhnen, dementsprechend vorzugehen und uns dagegen entwöhnen, mit Eifer und Aengstlichkeit auf die Steuerung unserer Nachbarn zu spähen um jede kleinste Rechts- und Linkswendung nachzumachen, unbekümmert warum. Es wird dann auch diejenige Calamität verschwinden, von welcher wir Oesterreicher am ärgsten heimgesucht sind: Das häufige Umschlagen aus einem Extrem ins Andere, das in unser ganzes Staats- und Volksleben übergegangene System des unausgesetzten Experimentirens mit dem ganzen Staatskörper, der Mangel an Solidarität der sich folgenden Regierungen und Regierungsmänner in Wahrung und Hebung der Mittel und Kräfte des Landes, die rasche Consumirung der regierungsfähigen Persönlichkeiten und die furchtbare Vergeudung der Arbeitskraft und geleisteten Arbeit, welche dem unausgesetzten Wechsel in der Staats- und Volkswirthschaft eben so sicher folgt, wie in der Privatwirthschaft.

Allerdings, wenn die begabten und gebildeten Geister aller unserer Nachbarvölker, namentlich derer, die in der Kultur besonders hoch stehen, darüber einig wären, daß in der Steigerung der Ex- und Importquantitäten und Beträge ein sicheres Mittel zur Hebung der Volkswohlfahrt und des Volkswohlstandes liege, — dann wären wir zwar noch immer nicht der selbstständigen Prüfung unserer österreichischen Interessen überhoben, aber wir hätten einen wichtigen Fingerzeig, einen schätzenswerthen Prüfstein für die Ergebnisse unseres eigenen Denkresultates zur Hand; denn wir wollen dieses Letztere durchaus nicht überschätzen, so wenig als wir darauf verzichten wollen.

Daß aber die englischen Fabrikanten, die deutschen Professoren und die Spediteure aller Länder darin das Heil erblicken wollen oder zu erblicken meinen, und dieß recht laut in die Welt hinausposaunen, das halten wir zu diesem Ende noch lange nicht für hinreichend.

Jenes rührige, arbeitstüchtige Inselvolk mit seinem Capitalsreichthum, seiner Masse großer, volkreicher Handels- und Fabriksstädte auf verhältnißmäßig kleinem Territorium, mit seinen Flotten und all seinen Hülfsmitteln billiger gewerblicher Massenproduction ist in seiner heutigen Größe von der Ausdehnung des Freihandelssystems über die consumirende Welt abhängig; ja es würde seine Bevölkerung zum großen Theile dem Elende verfallen, wenn sein Absatzgebiet plötzlich bedeutend eingeengt würde. Seine 46 Millionen Spindeln von Baumwolle, Schafwolle, Leinen und Seide, gegen 25 Millionen des gesammten übrigen Europas, und die dem entsprechenden Webereien und Druckereien zwingen es, sich auswärtige Märkte zu erkämpfen und durch die Arbeit seiner Gewerbsleute, welche das kleine Land sonst nicht zu ernähren vermöchte, die gewerblichen Erzeugnisse der anderen Völker auf deren eigenem Grunde und Boden aus dem Felde zu schlagen. Welches immense Interesse haben da nicht die englischen Staatsmänner, Alles aufzubieten, um der Lehre, daß eine gesteigerte internationale Handelsthätigkeit das Glück der Völker begründe, den größtmöglichen Eingang bei allen consumtionsfähigen Staaten zu verschaffen. Die hohe Stufe ihrer gewerblichen Entwicklung macht es den Engländern leicht, ihre Manufacte um so viel billiger herzustellen, daß der geringe Werthbruchtheil, der auf die Verfrachtung dieser leichtwiegenden Waaren in ferne Länder entfällt, den Gewerbserzeugnissen anderer Länder gegenüber mehr als ausgeglichen wird. Das betreffende Land zahlt dann mit dem schwerwiegenden, geringwerthigen Getreide, und anderen Rohproducten, welche den englischen Fabriksarbeiter nähren, deren Werth aber meist zum großen Theil durch die Fracht aufgefressen wird, bis es den englischen Boden erreicht hat. Wir werden auf den Nachweis des hier aufgestellten Verhältnisses noch eigens zurückkommen, und es soll derselbe den eigentlichen Kern dieser Schrift ausmachen. Daß dieser Werthabgang, welcher sich nur durch einen allgemein niedrigeren Stand der Bodenproducte des exportirenden Landes einem größeren einheimischen Verbrauche gegenüber geltend macht, nicht als solcher erkannt werde, muß die größte Sorge der Engländer sein, aber nicht die Unsrige, sie darin zu unterstützen.

Gesichtspunkte und Triebfedern ganz anderer Natur sind es selbstverständlich, welche die Herren vom Katheder in Deutschland und Oesterreich jene Lehre John Bulls auf den Continent verpflanzen, zu den herrlichsten wissenschaftlichen Systemen verarbeiten und in der

Theorie zur nahezu unbeschränkten Alleinherrschaft bringen ließen. Nicht die Rücksicht auf schnöden Gelderwerb war hier maaßgebend, auch nicht Forderungen die dem Boden der Volksthätigkeit und Landesbedürfnisse entsprossen waren. So vulgär, so kurzsichtig, so engherzig ist der Mann der deutschen Wissenschaft — und hier wird es uns vielleicht trotz Königgrätz erlaubt sein, die österreichische einzurechnen — nicht. Sein System muß die ganze Menschheit umfassen, sein System darf sich nicht der gemeinen Wirklichkeit anpassen; — wie die Ideen Plato's muß es eine höhere, unvergängliche Realität, eine unbegränzte Gültigkeit besitzen, hoch über dem Wechsel der Erscheinungen der Materie. Sein Geist wird unbewußt befruchtet mit dem Samen der Gedankenwelt des schlauen Britten — „und unter tausend heißen Thränen fühlt er sich eine Welt entsteh'n."

Die Methode der streng kritischen Forschung, welche von den Naturwissenschaften ausgehend immer weitere Gebiete des Reiches der Wissenschaft erobert, hat in der Nationalökonomie nur theilweise Eingang gefunden, und da wo es der Fall war, mußte diese Methode häufig wieder nur dazu dienen, um Illustrationen oder sonstige Hülfsmittel für ein oder das andere a priori construirte System zu liefern. Wir wollen uns kein absprechendes Urtheil über den Stand dieser Wissenschaft in Deutschland anmaßen; wir sind überzeugt, daß eine Reihe ganz hervorragend tüchtiger und begabter Männer darin thätig ist, — aber nach dem was wir in Oesterreich von dorther bezogen haben, glauben wir zur Annahme berechtigt zu sein, daß ein großer Theil dieses Gebietes noch in dichtem speculativem Nebel stecke.

Wie wenige unserer Nationalökonomen von Fach, welche sich mit Ernst und Liebe an die Aufgabe gemacht haben, den Herzschlag unseres Verkehrslebens wirklich eingehend zu prüfen, die Grundlagen zu erforschen, auf welchen die Arbeit unseres Volkes ruht und die Bedingungen, von welchen seine materielle Wohlfahrt abhängt! Die Leute kommen her, stellen sich aufs Katheder und spenden ihre mitgebrachte Weisheit aus in der selbstverständlichen Voraussetzung, daß sich das Güterleben in Oesterreich schon allgemach nach den Deductionen ihrer philosophischen Anschauungsweise regeln werde, oder vielmehr, daß die Welt von vorne herein so sein müsse, wie diese

Herren sich dieselbe innerhalb der vier Pfähle ihrer Studirstube aufgebaut haben. Ist es nicht eine Thatsache, welche den Gelehrtendünkel der Genannten ein wenig zu dämpfen geeignet sein sollte, daß in den Jahren der Orgie, in welchen zu unserer heutigen wirthschaftlichen Krankheit der Grund gelegt wurde, von keinem volkswirthschaftlichen Lehrstuhle der österreichischen Hochschulen ein Warnungsruf ertönte? Daß auch heute aus diesen Kreisen nicht der kleinste Versuch ans Licht der Oeffentlichkeit tritt, uns einen Weg zu zeigen, kurz oder lang, leicht oder beschwerlich, um aus dem Labyrinthe von Verwüstungen der letzten Jahre einen Ausweg zu geordneten Verhältnissen zu finden? Sie können nichts als ihr altes Stückchen hersagen und stehen rathlos einem Zustande gegenüber, von welchem in ihren philosophischen Manuscripten nichts enthalten ist. Vielleicht meinen sie auch, dergleichen ginge sie nichts an, sie hätten ihre Collegien zu lesen und damit basta!

Und das sind die Leute, welche einzig und allein die wirthschaftliche Heranbildung unserer Jugend besorgen! Ganz ausschließlich ihre einseitigen, unpractischen und vaterlandslosen Doctrinen sind es, die von den Kathedern unserer sämmtlichen Hochschulen, Handelsschulen, Gewerbeschulen und Realschulen herabtönen; sogar für die Offiziere der Kriegsschule findet sich ein Stündlein, worin sie in der alleinseligmachenden Lehre des Freihandels unterwiesen werden. Wir Andern, wir Ketzer, sind auf die Autodidactik angewiesen; fällt zufällig oder durch persönlichen Anstoß ein Buch dieser, wie die Herrschenden sagen, „von der Wissenschaft längst verurtheilten Männer" einem oder dem andern unserer Mitbürger in die Hand, und hat er Kopf und Herz dafür, so mag er sich daran erbauen; er steht aber der immensen Majorität der in den öffentlichen Schulen Herangebildeten gegenüber.

Die Nationalökonomie, Dank der ledernen Behandlung derselben durch unsere Professoren, wird ja ohnedieß von der Mehrzahl der Lernenden nur als eine Art gelehrten Ballasts betrachtet, als ein nothwendiges Uebel, das man aus dem Studienplan schandenhalber nicht ganz ausmärzen kann; da sind denn die Meisten froh, wenn das officielle Stroh ihnen fertig vorgedroschen ist, und die Wenigsten kommen wohl dazu, dieses Studium aus Eigenem fortzusetzen. Unser ganzer Beamtenstand, einschließlich derer, denen dereinst die oberste Leitung unserer finanziellen, commerciellen und gewerblichen Interessen zufallen wird, ist in der Lehre von der Handelsfreiheit, als der politisch ungefährlichsten, sozusagen hoffähigsten Freiheit auferzogen; ihnen allen ist eingelernt worden, daß es der Consument sei, welcher gegen die Ansprüche des Producenten geschützt werden müsse; daß es ein thörichtes Beginnen sei, der heimischen Arbeitsthätigkeit, der Verwerthung dieser vorhandenen Schätze, welche in den Muskeln, Knochen, in Auge, Ohr und Gehirn seiner Bewohner bestehen, im eigenen Lande das größtmögliche Feld zu gewinnen; daß, wo der Arm des Engländers mehr leiste, der des Oesterreichers müssig zu bleiben habe, weil nur auf diese Weise der Mund des Letzteren Futter fände.

Unser Handels- und Gewerbestand hat überhaupt erst in seinem Zuwachse aus der jüngsten Generation etwas wirthschaftliche Theorie eingesogen; so weit nämlich unsere Handelsakademien und modern eingerichteten Handels- und Gewerbeschulen zurückreichen. Die Schablone ist natürlich dieselbe wie bei den Hochschulen, nur daß es hier die Schüler jener hohen Meister sind, welchen die Verbreitung der Lehre obliegt.

Mag nun diese Lehre die richtige sein, oder nicht, jedenfalls ist es leicht einzusehen, daß bei solcher umfassenden Organisation die Ausbreitung ihrer Herrschaft weder in Erstaunen setzen darf, noch einen Beweis für ihre Richtigkeit abgeben kann.

Nach dieser zweiten großen Kategorie von Vertretern der Freihandelslehre, in welcher eine mäßige Anzahl Lehrer das enorme Contingent von Schülern öffentlicher Schulen in einer ununterbrochenen Reihe von Jahrgängen als eine stattliche Armee ins Feld stellt, kommt noch der dritte Heerhaufen.

Es sind dieß die Frächter im weitesten Sinne des Wortes; alle jene Personen und Gesellschaften, welche direct und indirect von der Versendung der Güter leben; also Spediteure, Eisenbahn- und Dampfschifffahrts-Directoren, Verwaltungsräthe, Angestellte und — Actionäre mit ihrem ganzen Anhang von Besitzern und Interessenten von Hilfsgeschäften. Dessen Brod man isset, dessen Lied man singet. Da kommt also der ganze Schweif von Rhedern, Schiffbauern, Assecurabeuren und was da Alles sonst noch dran hängt. Es concentrirt sich da eine colossale Capitalsmacht und eine große Summe persönlicher Intelligenz und namentlich weitreichenden persönlichen Einflusses auf ein verhältnißmäßig geringes Gebiet, und dieß ist fast immer das ausschlaggebende Moment für Gang und Entwicklung der socialen Erscheinungen.

Unmittelbar an die Frächter und ihren Anhang schließen sich aber die Kaufleute im Waarengeschäfte. Gegenstand ihrer Thätigkeit ist zwar nicht unmittelbar die Ortsveränderung der Güter, sondern deren Besitzveränderung; aber es ist einleuchtend, daß diese Letztere mit der Ersteren durchschnittlich ziemlich proportional bleibt, und daß namentlich mit dem Import- und Exporthandel Ortsveränderung und Besitzveränderung fast immer zusammenfallen. Der Frächter hat ein lebhaftes Interesse, daß in dem zunächst vor ihm liegenden Zeitraume die Ortsbewegung der Güter eine möglichst gesteigerte sei, weil bei der gegebenen Summe der Verfrachtungsmittel sein Gewinn in noch stärkerem Verhältniß steigt, als die Güterfrequenz. Dasselbe ist beim Waarenhandel der Fall: je größer das Bedürfniß nach Besitzveränderungen, desto größer die Zahl der Geschäftsabschlüsse für den einzelnen Kaufmann und desto lucrativer jeder Einzelne dieser Abschlüsse, wohlverstanden, so lange die Zahl der Handeltreibenden und ihre Capitalskraft eine bestimmt gegebene ist. Jedes Wirthschaftssystem daher, welches die Nothwendigkeit großer Ortsveränderungen und somit häufigerer Besitzveränderungen der Güter steigert, wird dem Frächter und dem Kaufmanne willkommen sein, weil sein Erwerb dadurch für so lange Zeit gesteigert wird, bis die durch den höheren Gewinn angelockten neuen Capitalien, oder die dadurch ins Leben gerufenen neuen Verkehrsmittel*) eine Ausgleichung des Handelsgewinnes und des Frächterlohnes herbeiführen. Umgekehrt ist ein System, welches auf Verminderung der Nothwendigkeit

---

*) Der Wahlspruch der Eisenbahnen ist freilich: „Freihandel und Frachtmonopol!"

der Ortsveränderungen der Waaren und der damit verbundenen Kraftvergeudung hinausläuft, dazu angethan, einen Theil der im Waarenhandel angelegten Capitalien überflüssig zu machen, und die Arbeit der Verkehrsanstalten in so lange zu beschränken, bis die durch die Ersparniß unnützer Kosten gehobene inländische Production durch den gesteigerten Bedarf wirklich nothwendiger Gütertransporte diesen Verkehrsausfall wieder hereinbringt.

Wir werden wohl später Gelegenheit haben, zu zeigen, daß ein industriell entwickeltes Land in seinem internen Verkehr ein ungleich größeres Bedürfniß nach Verfrachtungen hat, als ein ackerbauendes Land, welches seine Industrieartikel fix und fertig aus dem Auslande bezieht und blos die Ueberschüsse seiner Ernten dahin abliefert. Die Eisenbahnstatistik von England und Belgien wird Zeugniß für die Richtigkeit dieser Behauptung ablegen. Aber zunächst stellt wohl eine erhöhte Beschränkung des Verkehrs auf die Production des eigenen Landes einen momentanen Frachtenausfall in Aussicht, und weil der Handel in seiner Leichtbeweglichkeit im Gegensatz zu den direct producirenden Gewerben immer mehr auf die Ausbeutung des Augenblicks angewiesen ist, als auf die Sorge für die weitere Zukunft, — so werden Frächter und Kaufleute immer auf Seite des ausgedehntesten Freihandels stehen. Die Prosperität des Geld- und Effectenhandels, des Bankgeschäftes, ist zwar auf die Dauer noch viel directer an diejenige einer ausgedehnten und vielseitigen einheimischen Production, und zwar speciell gewerblichen Production geknüpft; — aber die Fäden, welche die einzelnen Theile des Handels verbinden, sind so zahlreiche, die Uebergänge von einem Zweige desselben auf die andern so häufige und unmerkliche, daß die wirthschaftlichen Traditionen des Waarenhandels auch auf die übrigen Gebiete des Handels übergegangen sind.

Es ist eine allgemeine Annahme geworden, die Interessen von Handel und Gewerbe als gleichwerthig im wirthschaftlichen Organismus eines Landes neben einander zu stellen, und speciell in der corporativen, officiellen Vertretung beider Stände in Oesterreich, in den Handels- und Gewerbekammern, hat dieß darin einen concreten Ausdruck gefunden, daß die eine Hälfte der Mitglieder jeder Kammer vom

Handelsstande, die andere Hälfte vom Gewerbestande des betreffenden Kammerbezirkes gewählt wird. Wir wissen nicht, wie die Anschauung zu rechtfertigen ist, daß das Eine Gewerbe, welches sich speciell mit dem Austausche oder Vertriebe der Erzeugnisse aller Uebrigen beschäftigt, das Handelsgewerbe nämlich, so viel gelten soll, wie alle Andern zusammengenommen; warum derjenige Theil der Production, welcher blos die Orts- und Besitzveränderung des Productes zum Zweck hat, eine gleiche Bedeutung haben muß, wie sämmtliche übrige Momente der Arbeit zur Herstellung desselben.*)

Man wird uns vielleicht erwidern, daß die Vertretung der Gewerbe im engern Sinne hauptsächlich oder ausschließlich die Interessen der Producenten im Auge haben müsse, daß daher ein Gegengewicht von gleicher Schwere nöthig sei, um die Interessen der Consumenten zu wahren. Allerdings werfen sich die Handelsleute, insofern sie zugleich Freihändler sind, gern als Anwälte des Consums, den Bestrebungen der Gewerbetreibenden als Schutzzöllnern gegenüber, auf. Diese Anwaltschaft der Kaufleute und Frächter ist aber principiell durchaus unbegründet, denn es ist gar nicht einzusehen, warum der Consument darunter weniger leidet, wenn der Preis der Waare durch theure Frachten, Spesen, Commissionsgebühren und hohe Speculationsgewinne in die Höhe geschraubt wird, als wenn ihre Erzeugung durch hohe Arbeitslöhne, hohe Brennmaterialpreise, hohe Anlagskosten der Gewerbsunternehmung oder einen übermäßigen Unternehmerlohn vertheuert wird. Wohl aber erlangt durch diese gesetzliche Gleichstellung des Handelsgewerbes mit der Gesammtheit der übrigen Gewerbe dieses erstere einen officiellen Einfluß, der weit über seine natürliche Bedeutung hinausgeht.

Es kann ja kleinere Länder geben, deren Bewohnerschaft sowie diejenige einzelner Handelsstädte sozusagen den Kaufmann für ein größeres Territorium abgibt, wo dann der Handelsstand wirklich so viel und mehr zählt, als die ganze gewerbliche Production des Landes oder der Stadt zusammengenommen; dieß ist aber bei einem ausgedehnten Staatsgebiete, wie das Unsrige, nicht möglich; es ist in

*) Carey führt in seiner Socialwissenschaft diesen Gedanken des Näheren aus.

Oesterreich auch nicht annähernd den wirklichen Verhältnissen entsprechend, und da, wo ein Ueberwuchern des Ersteren auf Kosten der Letzteren vorkommt, gewiß immer ein Zeichen wirthschaftlichen Siechthums.

Genug, — wenn man Macht und Einfluß der drei Kategorien von Hauptstützen der Freihandelslehre in Anbetracht zieht, so kann man sehr gut die Verbreitung derselben begreifen, ohne dadurch von ihrer Richtigkeit überzeugt zu werden. Die Propaganda der Staatsmänner und Industriellen der gewerblich höchstentwickelten Länder mit dem goldenen Dietrich, welcher die Thüren zwar nicht aller, aber doch sehr vieler Redactionsbureaux öffnet; die aus den Hörsälen der Universitäten, aus den Landwirthschafts- und Handelsschulen hervorgehenden Beamten- und sonstigen Berufskreise; endlich die volle Hälfte der officiellen gewerblichen Vertretungen — fürwahr eine stattliche Armee, welcher die ungeschulten und zersplitterten Häuflein unserer unmächtigen, noch in letzterer Zeit sehr geschwächten Industrie, vereinzelte wissenschaftliche Fachmänner und ebenso vereinzelte Autodidacten und Dilettanten in verschiedenen Lebenskreisen gegenüber stehen. Da ist es freilich leicht zu sagen: „Die allgemeine Richtung der Zeit folgt dem Zuge des Freihandels.“

Aber ist dieß denn wirklich in der ganzen Welt so? Ist Aufklärung, Freiheit und Fortschritt wirklich immer und überall mit Freihandel im Bunde, und der Schutzzoll dagegen stets nur im Gefolge der finsteren Mächte der Reaction, der Versumpfung, der Geistesnacht und des materiellen Elends?

Wir glauben, ein Blick um uns und ein Blick hinter uns müßte uns eines Anderen belehren, wenn unser Auge noch klar zu sehen im Stande ist. Um uns haben wir zwei hervorragende Beispiele, daß mächtige Staaten, durch schwere Kriegsleiden zu Boden gedrückt, nach dem Schutzzolle greifen, um in der Entwicklung und Steigerung der Volksarbeit die Mittel zu finden, ihre Wunden zu heilen, und die drückende Schuldenlast, welche der Krieg aufgehäuft hatte, zu verzinsen und auch — abzutragen. Diese beiden Beispiele der Gegenwart sind die Nordamerikanische Union und Frankreich.

In der Zeit der schweren Leiden, welche diese beiden Länder durchzumachen hatten, traten die Declamationen von Weltverkehr und Schrankendurchbrechung und freiem Völkerwettkampfe, welche bis dahin den öffentlichen Markt so wie bei uns beherrscht hatten, bescheiden vor der eisernen Nothwendigkeit zurück, die Kräfte zu sammeln, um die Last der Kriegsfolgen zu tragen. Die beiden hier genannten Länder sind und waren uns aber in industrieller Hinsicht weit voraus, die Unterschiede der von ihnen erreichten Stufe gegen diejenige der industriellen Entwicklung Englands daher weit kleiner als es bei unserer Industrie der Fall ist.

Welche Folgen dieser Systemwechsel in Frankreich nach sich ziehen wird, das kann erst die Zukunft lehren; daß die Reihe der letzten Jahre für die wirthschaftliche Entwicklung der nordamerikanischen Union aber ausgezeichnete waren, ist, wie wir glauben, eine allgemein anerkannte Thatsache; natürlich „nicht durch den Schutzzoll, sondern trotz des Schutzzolles" sagen in einem solchen Falle die Eingefleischten.

Für uns handelt es sich hier aber einfach darum, zu zeigen, daß die Phrase von der absolut freihändlerischen Richtung der Zeit nicht richtig ist. Italien, wenn auch nicht Republik, so doch ein Staat nach allermodernster Façon und frischgebacken, welches durch die Franzosen die Lombardei, und durch die Preußen Venetien erwarb, dreht nun seinem dritten Freunde, England, welcher dasselbe in Anhoffnung der dort zu etablirenden Freihandelspolitik immer diplomatisch und wohl auch materiell unterstützt hatte, eine Nase, und ist, wie man hört, ernstlich darauf bedacht, durch Zollschutz seine Industrie zu heben. Daß Rußland, welches ein für seine allgemeine Culturstufe auffallend rasches Aufblühen der Industrie seinem Zollsystem verdankt, an diesem festhält, ist klar; — und wenn im deutschen Reiche diese Tendenzen im Allgemeinen nicht Oberwasser gewonnen haben, so mag dieß zum großen Theile darin liegen, daß es durch die Annexion des Elsaß in wichtigen Industriezweigen eine über den Bedarf innerhalb seiner Grenzen weit hinausgehende Production ausweist, und daher mit liebendem Blicke auf unsere österreichischen Consumtionsgebiete herübersieht. Von England, Belgien nnd der Schweiz aber wird doch kein Mensch, der seine gesunden fünf Sinne noch besitzt, verlangen, daß auch sie, die auf den Weltmarkt angewiesen sind, die Abgrenzung nationaler Wirthschaftsgebiete befördern sollen.

Aber freilich, so lange Nordamerikaner, Franzosen und Italiener den Freihandel begünstigten, so lange wurden dieselben als deutlicher Beweis ins Treffen geführt, daß Freiheit, Fortschritt und Oeffnung der Zollschranken immer Hand in Hand gehen; ist aber das Umgekehrte der Fall, dann werden die amerikanischen Staatsmänner corrumpirte Yankees, Thiers ein unbrauchbarer und verbissener alter Zopf und die Landsleute Cavours und Garibaldis ein nichtsnutziges Räubergesindel.

II.

„Trachtet lieber, daß Ihr Euer ewig schwankendes Geldagio, Eure erdrückenden Steuern und die andern Hindernisse industrieller Entwicklung loswerdet“, wird unsern Fabrikanten von außen zugerufen, „als nach Zollschutz zu jammern“, und man glaubt damit den Nagel auf den Kopf getroffen zu haben.

Unsere Lage dieser Anforderung gegenüber erinnert an diejenige des dicken Bürgergardisten, welchen der Officier mit ernster Miene anschnurrte: „Brust heraus, Bauch hinein“! und letztern Körpertheil eigenhändig in die richtige Position drücken wollte. „Ja, wenn der nur 'nein ging'“, antwortete mit gutmüthigem Lächeln der Gardist.

„Ja, wenn das Alles nur so fort ging'!“ können auch wir mit einem wehmüthigen Seufzer sagen; „Agio, Steuerüberdruck, Geldtheuerung, wir geben es Euch Alles um den billigsten Preis, Ihr lieben, freundlichen Rathgeber!“

Wenn sich die Folgen einer durch lange Jahre fortgesetzten hirnlosen Staatswirthschaft, der Verschleuderung und Verwüstung der Säfte und Kräfte eines weitausgedehnten, von der Natur reichbeschenkten Landes nur so abschütteln ließen, und dagegen alles das, was in dieser Zeit an Sorge und Pflege der materiellen und geistigen Interessen verabsäumt wurde, durch eine spontane Willensaufraffung ersetzt werden könnte, — wie schön wäre das!

Und darin liegt ja die Hauptursache der ungünstigen Concurrenzverhältnisse unserer Production gegen diejenige der westlichen Industriestaaten.

Daß unser Eisen nicht bei der Kohle liegt; daß unsere Kohlenschätze nicht so reich sind wie diejenigen unserer Nachbarn; daß unsere durch tiefe Thäler und über hohe Berge führenden Schienenstraßen schwieriger zu bauen und theurer zu befahren sind, als die der Flachländer unseres Erdtheils; all' das sind Erschwerungen und zwar theilweise sehr bedeutende Erschwerungen unserer Productionsbedingungen gegen die des Auslandes, — aber ihnen mögen hie und da auch materielle Vorzüge der Lage und Bodenbeschaffenheit unseres Landes gegenüberstehen, welche die Ungleichheit wenigstens theilweise herabmindern; so könnten wir vielleicht diesen Hindernissen die Stirne bieten, ebenso wie dieß unter ähnlichen Verhältnissen die Schweizer so herrlich gezeigt haben.

Gerade der Vergleich mit der Schweiz und den Schweizern führt uns aber auf ein Hemmniß weit ernsterer Natur, auf dasjenige, welches in dem Charakter, der Ausbildung, der Anschauungsweise und den Lebensgewohnheiten *unserer Bevölkerung* beruht. Und dieß sind eben auch *factische* Verhältnisse, mit denen man bei Vergleichung der Concurrenzverhältnisse der österreichischen Industrie mit derjenigen des Auslandes rechnen muß; nicht so unabänderlich vielleicht als die Entfernung des steirischen Erzberges von den Ostrauer Kohlengruben, nicht so unverrückbar wie der Semmering und der Brenner, aber nur mit harter Arbeit von Generation zu Generation kleinweise zu beseitigen.

Wir sind gewohnt über schweizerische Knauserei, Berechnung und Engherzigkeit zu spötteln, sowie über sächsische Frugalität, und der jetzt aus der Mode gekommene Vergleich von dem Preußen, welcher beim Wirth mit Gepolter eine Flasche Wein und „sechs jroße Jläser" bestellt, mit dem Oesterreicher, der recht still sechs Flaschen Wein und „a ganz a klein's Glasl" verlangt, hat uns früher sehr geschmeichelt; — aber sonderbar: die Schweizer und die Sachsen sind mit ihrem meist kärglich lohnenden Boden und ihrer bespöttelten Lebensart industriell und financiell in die Höhe gekommen, und wir liegen nach genossenen sechs Flaschen Wein mit einem schrecklichen Katzenjammer unter'm Tisch.

Diese Untüchtigkeit zu rationeller, erfolgreicher Arbeit, zu anhaltendem Sparen und zu unausgesetztem, umsichtigem Vorwärtsstreben geht in unserm Lande durch alle Berufsarten und durch alle Classen der Gesellschaft. In vielen Theilen der grünen Steiermark soll es für eine Schande gelten, wenn das, was das Jahr auf einem Landgute an Früchten bringt, nicht in der gleichen Zeit von Herr und Knecht bei Butz und Stingel aufgefressen wird, — und was dort klar bewußter Grundsatz ist, das herrscht der Hauptsache nach als unbewußte Lebensgewohnheit in unserm ganzen weiten Vaterlande. Solange etwas vorhanden ist wird d'rauf los gelebt, wenn nichts mehr da ist, wird gehungert. Das kostet am wenigsten Kopfzerbrechen.

Wo aber der Sinn zum Sparen fehlt, da fehlt auch der richtige Geist zu industriellem Arbeiten. Es ist eine andere Arbeit, diejenige um Erlangung der Mittel zur Befriedigung der täglichen Lebensbedürfnisse und diejenige zur Sicherung und Verbesserung der Lebensstellung; und die erstere dieser beiden Arten von Arbeit ist es, welche in unserm Lande den Grundton angibt. Und wie die Arbeit, so auch die Leistung. Für den möglichst hohen, augenblicklichen Entgelt die möglichst geringe und bequeme Arbeit verrichten, darin liegt, ehrenvolle Ausnahmen abgerechnet, das Streben unserer arbeitendeh Bevölkerung von den höchsten Spitzen unserer Gesellschaft angefangen bis zu den geringsten Tagelöhnern. Mit dem Lesen- und Schreibenlernen wird da noch lange nicht alles gethan sein; das steckt tiefer und kommt von der Verwilderung unseres Volkes und der Ausrottung seines Pflicht-, Wahrheits- und Ehrgefühls von oben her vor langen Jahren und von dem beständigen Contact mit uncultivirten und theilweise wenig culturfähigen Völkern. Gehen wir beim englischen Arbeiter um zwei oder drei Generationen zurück, so wird es wohl ein sehr geringer Bruchtheil seines Standes gewesen sein, der auch nur einen nothdürftigen Schulunterricht genossen hat. Aber ein tüchtiger Mann „der es im innern Herzen spüret, was er erschafft mit seiner Hand" das war der englische Arbeiter gewiß schon damals; und seine Tüchtigkeit, gehoben und gepflegt durch eine auf Sittenstrenge und Werkthätigkeit gerichtete religiöse Schulung, hat sich vom Vater auf den Sohn vererbt und in steigender Progression den heutigen englischen Arbeiter zum Gegenstande der Bewunderung und des Neides für die übrigen Völker Europas gemacht.

Auch bei uns, glauben wir, war es nicht immer so schlimm, als es in den jetzigen Zeiten ist. War doch unser Wien schon unter den späteren Babenbergern wie unter den frühern Habsburgern einer der Brennpunkte der Cultur und des geistigen Lebens von Mitteleuropa; Böhmen hatte unter dem Luxemburger Karl IV. eine Blüthe erreicht, wie keines der Länder in weitem Umkreise und tausend Zeugnisse der Geschichte geben Kunde von der damaligen Tüchtigkeit unseres Volkes und seiner Arbeit. Da mußte erst der Wortbruch Sigismunds mit seinen entsetzlichen Folgen, da mußten die Ferdinande, unseligen Angedenkens, kommen mit ihren Henkersknechten und ihrem Jesuitenpack; mußten das dem Papismus entwachsene Volk mit Rad und Galgen wieder unter die geistliche Knechtschaft zurückbeugen, Ueberzeugungstreue und Mannesmuth aus seinem Herzen reißen, und Heuchelei, Lüge und Sittenschlaffheit hinein säen. Da mußte unser alter österreichischer Adel, der so wie Städter und Landvolk lutherisch geworden war, ausgerottet, und seine Güter den frömmelnden Schranzen und raubenden Kriegsknechten jener unwürdigen Kaiser ausgeliefert werden. Da mußten in den verödeten Fluren und den verbrannten Städten, aus denen mit dem Wohlstande auch die Betriebsamkeit, die Intelligenz und Bildung flohen, eine auf Müßiggang, Bigotterie und Aberglauben gestützte Pfaffenherrschaft ihren Einzug halten. Da mußten noch die Salzburger Erzbischöfe ihre fleißigen und ehrlichen protestantischen Unterthanen zwingen im fernen Norden eine neue Heimath zu suchen; — alles das mußte geschehen, um Charakter und Leistungsfähigkeit unseres Volkes auf den niedrigen Stand herunterzudrücken, über welchen die Riesenanstrengungen des zweiten Josef und die Bestrebungen der Gegenwart es nur langsam zu erheben vermochten.

Die sittliche Zucht, die Pflichttreue und Charactertüchtigkeit im Volke zu fördern, ist schon in frühern Generationen vom katholischen Priesterstande sehr auf die leichte Achsel oder auch blos in den Mund genommen worden; — Bittgänge, Gnadenspenden und Gebetsandachten ließen zu diesen Kleinigkeiten keine Zeit. Die aus den Priesterseminarien der 50er Jahre losgelassene geistliche Soldateska aber ist ganz speciell zu dem Zwecke herangedrillt, um mit allen Mitteln des Kampfes die Seelenunterjochung unter den römischen Absolutismus im ausgedehntesten Maaßstabe zu betreiben, und ihr muß daher eine indolente, unwissende, abergläubische, laxe und somit auch „gnadenbedürftige", fügsame und fanatisirbare Bevölkerung lieber sein als das Gegentheil.

So wuchert denn auch wirklich Aberglaube, Trägheit und Leichtsinn in den niedern Ständen unserer Bevölkerung unbehindert fort, — während in den höhern die Frivolität an Stelle des Aberglaubens tritt. So dürfen wir uns auch nicht wundern, wenn unsere österreichisch-deutsche Arbeiterbevölkerung an Tüchtigkeit und Leistungsfähigkeit gegen jene unserer westlichen Nachbarländer weit zurücksteht.

Aber während uns Deutschösterreichern der geistige Zusammenhang mit unsern Stammesgenossen jenseits der Reichsgränze stets ein gewisses Gegengewicht gegen das immer tiefere Sinken durch den Druck der Pfaffenherrschaft bot, wirkte bei unseren slavischen Landsleuten durch den niedrigen Bildungszustand ihrer östlichen Nachbarn gleicher oder ähnlicher Zunge dieser Druck ganz uneingeschränkt. An natürlicher Begabung und namentlich an Arbeitstüchtigkeit stehen die Slaven unserer nordwestlichen Kronländer hinter den Deutschen gewiß nicht zurück. Die Czechen kämpften den Kampf der geistigen Freiheit ein Jahrhundert bevor die Deutschen für diese Idee reif waren, — und eine lange und blutige Reaction von deutscher Seite war nothwendig, um das Andenken an ihren großen Apostel, Johannes Huß, aus dem Herzen des czechischen Volkes zu reißen und den stupiden Cultus des dafür erfundenen Johann von Nepomuk hinein zu verpflanzen. Die Befähigung zu hoher Cultur wird diesem Volke wohl niemand einsichtiger absprechen; aber es ist tief, tief heruntergebracht worden.

Die südlichen Slaven der Monarchie haben noch nicht Gelegenheit gehabt, ihre Tüchtigkeit zu ernster, bürgerlicher Arbeit in größerem Maßstabe zu erweisen, und die nordöstlichen auch nicht viel mehr. Diese Völker stehen zum Theile noch in ihrer Kindheit, wenn sie auch nicht die Reinheit und Harmlosigkeit der Kinder besitzen; zum Theil haben sie am Beginne des Mannesalters sich zu verlottern angefangen und sind verlottert geblieben bis auf den heutigen Tag. Möglich, daß bei sorgfältigster Behandlung und energischer Zucht aus den Enkeln der heutigen Bevölkerung brauchbare Arbeiter werden, solche die man dem deutschen, französischen oder englischen Arbeiter an die Seite stellen kann, — heute wird der Hauptsache nach der Schnaps das Ziel und die langen Finger das Mittel dazu sein.

In der Osthälfte der Monarchie aber sind die Slaven des Nordens von den Slaven des Südens durch ein Volk getrennt, welchem bei allen möglichen sonstigen Anlagen und Strebungen die Arbeit in modernem Sinne bis heute etwas fremdartiges geblieben ist und vielleicht ewig bleiben wird. Weil aber alle höhere Cultur auf einer harmonisch durchgebildeten Arbeitsthätigkeit der Völker beruht, so hat bei unsern Nachbarn jenseits der Leitha die Herbeischaffung und Aufstellung des ganzen äußerlichen Civilisationsapparates den Wohlstand des Landes nicht gehoben, sondern zerrüttet.

Die innige, tausendfältige Berührung, in welcher die verschiedenen Nationalitäten der österreichisch-ungarischen Monarchie leben, läßt natürlich die Lebens- und Arbeitsgewohnheiten der Einen unter denselben in diejenigen der Andern mehr oder weniger übergehen. Wenn wir uns daher in der Characteristik der Leistungsfähigkeit der einzelnen Völkerschaften nicht allzusehr geirrt haben, so ist es auch klar, daß die Qualität des österreichischen Durchschnittsarbeiters viel zu wünschen übrig läßt. Und nicht etwa blos von der Handarbeit, oder der Arbeit in den untersten Schichten der Bevölkerung wollen wir hier gesprochen haben, sondern von der Gesammtheit der materiellen und geistigen Thätigkeit, welche zu industriellen Leistungen erforderlich sind.

Die unnütz gehäuften, katholischen Feiertage rauben nicht nur an und für sich der Industrie und dem Einzelarbeiter einen Theil der Zeit, deren der Letztere zur Bestreitung seiner Lebensbedürfnisse, die Erstere zur Verzinsung ihrer Capitalien bedarf, — nein, sie verlocken den Arbeiter zu höheren Auslagen, der Müssiggang treibt ihn in's Wirthshaus, und während er Sonntags schon einen Theil dessen vertrinkt, was zu seiner bessern Ernährung in der Woche hätte dienen sollen, steigert sich dieß an Feiertagen noch mehr, und macht ihn häufig noch darüber hinaus arbeitsuntüchtig.

Es fällt uns nicht ein zu bestreiten, daß Beispiele angeborenen Fleißes, zäher Ausdauer, großer Geschicklichkeit, Anstelligkeit und Verläßlichkeit sowohl in unserm deutschen als in unserm czechischen Arbeiterstande sehr häufig vorkommen; auch wäre ja ohne diese Eigenschaften jede Industrie im Lande unmöglich. Aber ebenso unläugbar ist es, daß diejenige Eigenschaft, welche wir als Arbeitsintelligenz am verständlichsten zu bezeichnen glauben, welche aber durch jahrhundertelange Uebung von Generation zu Generation herangezogen und entwickelt werden muß, in unserer Bevölkerung im Durchschnitte auf viel tieferer Stufe geblieben oder auf eine solche zurückgesunken ist, als auf diejenige, auf welcher sich der Nord- und Westdeutsche, der Franzose, Engländer und Italiener befinden. Ebenso unleugbar ist es ferner, daß das Streben des Einzelnen, soviel Arbeit als möglich von sich abzuwälzen, die Hochhaltung des Müssigganges als schätzenswerthes Gut, die Augendienerei vor dem Vorgesetzten und dem Arbeitsgeber, die Scheinarbeit und Scheinleistung, die gewissenlose Verletzung der Interessen des Letzteren, mit einem Worte die Potemkin'schen Dörfer als Tradition und Contagium vom Osten her tief in unsere ganze Arbeiterbevölkerung eingedrungen sind.

Eben so unläugbar ist es endlich, daß bei einem gewissen Theile unserer Arbeiterschaft das kleinweise aber fortgesetzte Entwenden von Hilfsmateriale, Rohstoff und Fabricat, das systematische Fälschen der Controlmittel über Arbeitsleistungen den Industriellen oft schwere Lasten auferlegt; daß das Eigenthum des Arbeitgebers da, wo es nicht hinter Schloß und Riegel, nicht niet- und nagelfest ist, als herrenloses Gut angesehen wird; daß die Provisionen und Douceure von Lieferanten an Angestellte, welche doch nur als Bestechung dieser Letzteren zu pflichtwidriger Handlungsweise gegen den Unternehmer oder die Unternehmung einen Sinn haben, von den Höchstangestellten großer Actiengesellschaften bis zum Laufburschen des Handwerkers herab geng und gäbe sind*); daß Angestellte, welche dergleichen nicht nehmen, verlacht und verspottet werden, daß es aber

*) Diese altbekannte Wahrnehmung wurde vor Verhandlung des letzten großen Sensationsprocesses in obigem Wortlaute hier niedergelegt.

von Hunderten und Tausenden bekannt ist, daß nur nach Entrichtung eines solchen Zolles an den Diener die Waare in das Gebiet des Herren eingelassen wird; daß die Unternehmer selber theils aus Mitleid oder Gutmüthigkeit, theils aus Bequemlichkeit, aus Furcht und häufig aus Mangel des eigenen sittlichen Gefühls unter zehn Dieben und Veruntreuern neun laufen lassen, oder gar im Hause behalten.

Wie schwer diese ungünstigen Arbeiterverhältnisse auf unserer gewerblichen Production lasten müssen und wie wenig der einzelne Unternehmer es in seiner Hand hat, daran auch nur für den Bereich der eigenen Unternehmung zu ändern und zu bessern, liegt auf der Hand. Auch der directe Gegendruck der auswärtigen Concurrenz wird dieses Uebel nicht kleiner machen; ja dieß voraussetzen hieße geradezu an das Solidaritätsgefühl und das Erkenntnißvermögen des österreichischen Arbeiters eine Anforderung stellen, der kaum die ausgebildetste intellectuelle und moralische Schulung der Besten des Volkes zu entsprechen im Stande wäre.

Falls ein Gewerbsinhaber zu seinen Arbeitern sprechen würde: „Wenn ihr nicht so ehrlich, so fleißig, so strebsam und so nüchtern „sein wollt, wie die Norddeutschen und die Engländer, dann gehe „ich zu Grunde, und ihr verliert in Folge dessen die Arbeit!" so müßten diese Letzteren dem Ersteren unter die Nase lachen; ihr Verstand könnte seinen Worten nicht folgen, aber jedem Einzelnen würde sein Instinct mit beißender Logik sagen: „Wenn ich, Hanns, „Peter oder Paul, stehle und faullenze, so habe ich den ganzen Vor„theil davon für mich; wenn ich mir dagegen die Lehren meines Herrn „zu Herzen nehme, die Andern aber nicht, so geht er doch zu Grunde „und ich habe umsonst gedarbt und mich geplagt; nein, dieses Ge„schäft ist mir zu riskant!"

Was daher den Freihandel als Erziehungsmittel des Volkes zur Industrie anbelangt, so scheint es dem Fernerstehenden auf den ersten Anblick recht plausibel, einem Individuum auf solche Weise schwimmen zu lehren, daß man es ohne lange zu fragen in recht tiefes Wasser wirft und dann darin strampeln läßt. Unsere Herren von der Feder, welche ihre Professorengehalte und Artikelhonorare zunächst noch fortbeziehen, ob die Industrie zu Grunde geht oder nicht, können es gar nicht erwarten, daß dieses Experiment, welches bisher immer in so lauer Weise ausgeführt worden ist, daß nur Betäubung oder Siechthum die Folge war, endlich einmal gründlich vorgenommen werde, damit man doch bestimmt sagen kann: „sie schwimmt", oder: „sie ist ertrunken".

Wir bitten aber um eine etwas väterlichere Lehrmethode. Wir bitten, daß diejenigen, welche uns regieren, bedenken mögen, daß die Fehler und Mängel, welche wir heute an uns tragen, und welche uns hindern, so gut und so ausgiebig zu arbeiten, als unsere Nachbarn, die Folgen der schlechten Erziehung sind, welche ihre Vorgänger durch viele Generationen uns haben angedeihen lassen. Wir bitten eine hohe Obrigkeit, daß, bevor man uns in den Strom wirft, man wohl sehen möge ob wir unsere Glieder schon gebrauchen können, und unsere Kräfte ermißt, ob wir denn im Stande 'sind das Ufer zu erreichen, — — denn das Ertrinken soll recht, recht unangenehm sein und wer einmal ertrunken ist, wird nicht mehr lebendig, — nicht einmal ein Professor der Nationalökonomie, geschweige denn ein gewöhnlicher Sterblicher.

Wir sind aber mit der Reihe der persönlichen Hindernisse, welche der freien Entwicklung unserer Industrie derjenigen des Auslandes gegenüber entgegenstehen, noch nicht zu Ende.

In welcher Zeit erwartet man denn, daß der gewerbliche Unterricht reichlichere Früchte tragen soll? Mit den Realschulen wurde in den Fünfziger-Jahren bei uns begonnen, mit den Gewerbeschulen in den Sechziger-Jahren, mit den gewerblichen Fachschulen in den Siebziger-Jahren. Ein Decennium braucht es, bis eine solche Institution sich bei der Bevölkerung eingelebt hat, bis die brauchbaren Lehrkräfte gefunden und gesichtet sind, bis das Institut mit einem Worte seine Kinderschuhe ausgetreten hat; ein halbes Decennium und darüber dauert es, bis der einzelne Schüler seine Lehrzeit durchgemacht hat und ein weiteres Decennium, bis er soviel practische Erfahrungen erworben hat, um seine Schulzeit fruchtbar zu machen. Ein Vierteljahrhundert also währt es im Ganzen bis eine neue Schule, oder eine neue Art von Schulen anfängt Früchte zu tragen; dann müssen erst nach und nach die Alten absterben und die Jungen nachrücken, bevor die Wirkung eine durchgreifende wird. Die Realschulen können demnach bald anfangen Früchte zu tragen; daß die Gewerbschulen aber bei uns heute noch stark in den Kinderschuhen stecken, wird wohl niemand bestreiten.

Wir sind nun weit entfernt zu behaupten, daß der ausgebildete gewerbliche Unterricht der einzige Weg zur gewerblichen Heranbildung eines Volkes sei. Es ist dieß, namentlich in seiner jetzigen Ausdehnung, speciell ein Hilfsmittel der Neuzeit und an all' den Stätten hoher industrieller Betriebsamkeit des Mittelalters hat man eine schulmäßige Organisation des gewerblichen Unterrichtes schwerlich nur dem Begriffe nach gekannt. Aber die zünftigen Einrichtungen mit ihrer streng durchgeführten Gliederung vom Lehrling zum Meister, die aus den Bedürfnissen jedes einzelnen Gewerbes herausgebildeten Anforderungen an die ihm angehörigen Individuen, die Lehrzeit und Wanderzeit, die geschlossenen Innungen, und hundert andere Gebräuche, Satzungen und Institutionen gaben eine sehr sichere Gewähr solider Schulung des Gewerbestandes. Eine wissenschaftliche Grundlage dieses Unterrichts, wie sie nur eine von Fachlehrern geleitete Schule zu bieten im Stande ist, war überflüssig, so lange das Gewerbe selbst der Wissenschaft fremd gegenüberstehend und nur aus dem Boden der Empirie, der manuellen und intellectuellen Begabung des Individuums, und der treuen Pflege der Tradition, dem es entsprossen war, auch die Kräfte zu weiterer Entfaltung sog.

Selbst die englische Industrie, welche, begünstigt durch die maritime Stellung des Staates und die eminente technische Begabung des Volkes, aus diesem selben Boden empirischer, gewerblicher Tradition herausgewachsen ist, konnte sich begnügen, die Wissenschaft erst nachträglich zu Hilfe zu nehmen, nachdem die Entwicklung der mechanischen Einrichtungen und des fabriksmäßigen Betriebes bereits eine sehr hohe Stufe und eine außerordentliche Vielseitigkeit erlangt hatte. Auch hatte England dabei den Vortheil, daß es die Organisirung der technischen Lehranstalten genau nach den Erfordernissen einer längst bestehenden technischen Praxis einrichten und somit von deren unmittelbarer unterstützender Wirksamkeit überzeugt sein konnte.

Wer da überhaupt einmal einen mächtigen Vorsprung gewonnen

hat, und denselben benutzen kann, alle unterwegs sich bietenden Hilfsquellen im Voraus auszubeuten und den Nachkommenden den Weg zu verrammeln, der ist schwer einzuholen, und bei gleicher Anstrengung wird der Unterschied in den Fortschritten beider bis zu einer gewissen Gränze immer größer und größer.

Ganz anders war der Gang der Dinge in Frankreich und im deutschen Zollvereine. Speciell in dem Gebiete dieses Letzteren war die allgemeine Volksbildung schon eine sehr hohe, als die industrielle Bedeutung desselben noch fast null und seine Abhängigkeit von den Gewerbserzeugnissen Englands eine nahezu vollständige war. Da packte Deutschland bei der Organisirung des Zollvereins die Emancipation der heimischen Arbeit von derjenigen Seite an, welche dem Genius seines Volkes am meisten entsprach. Es entwickelte die technische Theorie und gestaltete den technisch-wissenschaftlichen wie den rein gewerblichen Unterricht in so hervorragender, umfassender und gründlicher Weise; es wußte den experimentiellen Errungenschaften der Engländer und Franzosen so gut die allgemein-theoretische Bedeutung abzugewinnen und sofort didactisch zu verwerthen, daß nach Verlauf von kaum zwei Generationen unter dem Schutze eines Zollsystems, welches den erdrückenden Einfluß der englischen Concurrenz aufhob oder milderte und das Capital zu industriellen Unternehmungen im eigenen Lande heranzog, das deutsche Volk in einer Weise gewerblich erzogen und durchgebildet war, daß seine Industrie nicht nur eine achtunggebietende Macht repräsentirt, und dem Wohlstande der einzelnen Länder wie des ganzen Reiches einen hohen Aufschwung gab, sondern daß es von seinem Ueberflusse an technischen Kräften der Lehre und Leitung sogar bereits dem Mangel anderer Länder etwas abgeben kann.

Auch bei uns in Oesterreich wurden schon vor einer Reihe von Decennien, weil man es ja in der ganzen übrigen Welt so that, zwei technische Hochschulen gegründet, sie wurden sogar mit sehr reichen Mitteln dotirt, und ihre Zahl ist ebenfalls in späterer Zeit noch vermehrt worden. Weil es aber im Lande der Beichtzettel, der Polizeispitzel und der Backhändel an Verständniß für die technisch-wissenschaftlichen Bedürfnisse in den leitenden, wie in den bürgerlichen

Kreisen fehlte, so war die Organisation und Wirksamkeit dieser polytechnischen Institute eine so fehler- und mangelhafte, ihre wissenschaftlichen und didactischen Leistungen blieben so weit hinter den Anforderungen der Zeit zurück, daß bis weit in die Sechziger-Jahre hinein die intelligenteren Industriellen fast ausnahmslos ihre Söhne zu tüchtiger technischer Ausbildung an ausländische Anstalten schicken, daß die Directoren und Werkführer österreichischer Fabriken bis zum heutigen Tage der Mehrzahl nach Ausländer sind, während die beiden glänzendsten Sterne am Himmel der deutschen technischen Wissenschaft Oesterreicher waren, denen es im eigenen Vaterlande nicht gelang zur Geltung zu kommen.

Dieß Alles soll zwar in neuster Zeit viel, viel besser geworden, und die leitenden Kräfte sollen namentlich in den Geist tiefer eingedrungen sein, in welchem der polytechnische Unterricht ertheilt werden muß, um Früchte zu tragen. Aber zum größten Theil ist dieß denjenigen Zweigen zu Gute gekommen, welche nicht direct die industrielle Thätigkeit des Volkes darstellen; diese Zweige sind die Architectur und der Eisenbahnbau. Die glänzenden Aussichten in diesen zwei Fächern, namentlich dem Letzteren, haben den ganzen Strom der Studirenden in dieses Bett gelenkt, und wenn derselbe einmal eine bestimmte Richtung eingeschlagen hat, so rinnt er noch längere Zeit darin fort, auch wenn die bestimmende Ursache zu existiren aufgehört hat. So haben wir denn, nach den colossalen Excessen im Bauwesen im Allgemeinen, und im Eisenbahnbau insbesondere, die unerfreuliche Aussicht, in kurzer Zeit ein Proletariat von beschäftigungslosen Ingenieuren und Architekten zu bekommen, und dagegen die Directoren, Werkführer, Zeichner und Monteure unserer Fabriken nach wie vor aus der Schweiz, aus Deutschland, Frankreich u. s. w. beziehen zu müssen.

Man unterschätze ja nicht die Wichtigkeit jenes geistigen Imports, weder als Thatsache an und für sich, noch als Symptom allgemeinen geistigen Mangels. Wie soll sich da der industrielle Sinn im Lande entwickeln, verbreiten und das Volk selbst durchdringen, wenn seine Träger eine zerstreute Schaar dem Lande und ihren eigenen Berufsgenossen fremder, von allen Winden dahergetragener

Individuen sind? Wie theuer muß diese geistige Kraft bezahlt werden, wenn jedem Einzelnen außer dem directen Entgelt seiner Leistungen noch eine eigene Prämie für seine Expatriirung geboten werden muß? Wie gering wird das Wahlvermögen des Arbeitgebers bei Besetzung der Stellen seiner technischen Beamten sein, wenn er hundert Meilen weit zu greifen hat, um eine brauchbare Kraft zu erhalten? Wie oft wird die zur Leitung eines speciellen Unternehmens nöthige Persönlichkeit überhaupt nicht zu finden sein?

Andererseits ist, wie gesagt, die Nothwendigkeit der Heranziehung technischer Beamten aus dem Auslande ein Symptom, wie gering das industrielle Verständniß in unserem Lande noch entwickelt ist. Denn es findet nicht etwa ein Austausch von Kräften mit unsern westlichen Nachbarn statt, sondern unsere Bilanz darin ist entschieden passiv, und so wie an technischen Beamten, leiden wir überhaupt an industriellen Capacitäten Mangel. Dieß ist aber ein schweres Hinderniß der Industrie, ein tiefliegender Uebelstand, der weder durch irgendwelche rasch improvisirten Maaßregeln hinwegdecretirt, noch durch ein bischen guten Willen der Industriellen selbst überwunden, noch endlich durch das so beliebte Höherhängen des Brotkorbes behoben werden kann. Die Industrien gehen auf letztere Weise einfach zu Grunde, es ist ein Schwergewicht mehr, das an ihren Füßen hängt; die Industriellen jammern, wehren sich, strampeln, mit allen Gliedern, zerren an ihren Ketten, fluchen und zetern über ihre Regierung — aber mit allem dem kommen sie nicht in die Höhe.

Auch hier fehlt nicht die individuelle Begabung. Es ist gar kein Grund vorhanden, anzunehmen, daß der Oesterreicher, welcher sich durch leichte und rasche Auffassung, durch gesunden Hausverstand und practischen Sinn auszeichnet und auch Fleiß und Ausdauer entwickeln kann, nicht für industrielle Thätigkeit ebenfalls brauchbar sein sollte. Hat er doch in hundert Beispielen gezeigt, daß seine Anlagen es ihm möglich machen, auf jedem Felde, auf dessen Bearbeitung er sich mit Ernst wirft, bei richtiger Anleitung schöne Früchte zu erzielen. Aber als Industrieller ist er durch die Ungunst der Verhältnisse und die unerforschlichen Wege einer in Personen und Systemen ewig wechselnden Regierung gründlich demoralisirt und stützig gemacht worden. Er hat Haltung und Arbeitsfreudigkeit, Treu' und Glauben, Selbstbewußtsein und Kampfesmuth verloren, und arbeitet so fort, stumpf und verdrossen, in der Tretmühle, in der er nun einmal eingeschirrt ist.

Von Gemeinsinn, von Solidarität, von Verständniß und Interesse für die gemeinsamen Standesangelegenheiten ist in manchen Industriezweigen kaum hie und da eine Spur aufzufinden. Die Wenigen, welche sich damit beschäftigen, werden von ihren Genossen mit einer Art stummer Verwunderung angeblickt, als sonderbare Schwärmer, die an so unnützen Sachen Vergnügen finden; man läßt sie gewähren, weil sie mit ihrem harmlosen Treiben niemandem etwas zu Leide thun und sieht es selbst recht gerne, wenn sie für die Andern doch hie und da eine gebratene Kastanie aus dem Feuer holen. Nur soll man nicht verlangen, daß sie, die Andern, die große Mehrzahl, sich durch dergleichen aus ihrer gewöhnlichen Ruhe stören lassen, daß sie mit für ihr Interesse einstehen oder einen lebhaften Antheil daran bekunden sollen: „Es nützt ja doch Alles zu nichts".

Ebenso fehlt es an Hebung und Pflege des eigentlich industriellen Sinnes und Verständnisses, der sich dem ganzen Stande mittheilt, der vom Vater auf den Sohn übergeht und von diesem mit Zinsen und Zinseszinsen wieder dem Enkel überliefert wird. Die moderne Industrie ist in beständiger Transformation, in ununterbrochenem Fortschritt begriffen, und durch den häufigen persönlichen Contact unter den Industriellen eines Landes müssen sich die Impulse zu Veränderungen der Gesammtheit der Standesgenossen mittheilen, damit dieselbe auf der Höhe der Zeit bleibe. Jener industrielle Sinn, schon gehemmt durch die spärliche Verbreitung der Industrie, dürfte aber bei uns eher im Abnehmen als im Wachsen begriffen sein.

So sehr wir uns vor dem österreichischen Nationalfehler hüten wollen, alles der Regierung zu überlassen, und für alles was uns nicht behagt, die Regierung anzuklagen, — so können wir hier doch nicht umhin, die Hauptursachen jener Fehler, welche wir eben aufgezählt haben, auf die Acte und die Gesammthaltung jener Reihe von Regierungen zurückzuführen, welche in den letzteren Decennien bei uns die Zügel geführt haben.

Eines festen Bodens bedarf die Industrie um sich entfalten zu können; Vertrauen muß der Industrielle haben auf die stätige Entwicklung der wirthschaftlichen Verhältnisse, Vertrauen auf eine feste Richtschnur der Regierung in der Leitung unserer öffentlichen Angelegenheiten; Vertrauen, daß die gegebene Zusicherung nicht durch den endlosen Personen- und Systemwechsel immer wieder in Frage gestellt werde, also auf die Solidarität der sich folgenden Regierungen; Vertrauen auf das Verständniß und die sachliche Tüchtigkeit derer, die unsere Geschicke lenken sollen; auf daß nicht mit unserm Wohl und Weh heute so, morgen so experimentirt werde; daß dasselbe keinen Gegenstand des Handels bilden dürfe, um dafür politische und diplomatische Vortheile einzutauschen, oder die Gunst eines mächtigen Nachbars zu erkaufen!!!

Dieses Vertrauen, die Lebensluft der Industrie, die erste und nothwendigste Voraussetzung ihrer Ausbreitung und Fortentwicklung ist Faser für Faser aus der Brust des Oesterreichers und speciell des österreichischen Industriellen herausgerissen worden. Wir sind es nach und nach gewöhnt worden, daß aus unserer Haut die Riemen geschnitten werden, um die Freundschaftsbande mit den Deutschen, mit den Engländern und mit, wer weiß wem noch zu knüpfen. Wir getrauen uns nicht die Abstellung von diesem oder jenem Uebelstande unserer wirthschaftlichen Verhältnisse von unserer Regierung zu erbitten, weil es Bismark nicht erlauben würde, noch die Gewährung dieses oder jenes Wunsches, weil dadurch diese oder jene Persönlichkeit in Pest zum Nießen gebracht, und somit das Fundament des Ausgleichs mit Ungarn erschüttert werden könnte. Und dabei schwankt bei uns selbst zu Hause alles nach aufwärts und abwärts, nach vorwärts und rückwärts, nach rechts und links, daß niemand weiß, ob die heutigen Grundlagen einer Industrie morgen noch vorhanden sein werden, ob das, was heute noch Gewinn verspricht, nicht morgen schon Verderben bringen wird.

Man verfolge doch nur einmal den Wellenschlag, welchen unsere Währung in den letzten 27 Jahren gemacht hat, und wie bei jeder solchen Wendung in unserm wirthschaftlichen Leben alles von Unterst zu Oberst gekehrt worden ist, multiplicire diesen Effect mit all den

Wandlungen, welche während dieser Zeit im Barbarastift und in der Johannesgasse vorgegangen sind — und frage sich dann, ob die Industriellen nicht Ursache hatten, taumelig, betäubt und krank von diesem Geschaukel zu werden. Und die Minister, die immer nur mit einem Auge auf ihre Ressortangelegenheiten blicken konnten, weil ihre Hauptaufgabe darin bestand, die Säulen des Verfassungsbaues zu halten, damit dieser nicht über Nacht umstürze, und dabei ihr Portefeuille im Auge zu behalten, auf daß es ihnen nicht unvermuthet aus der Tasche falle. Und der Admiral und Weltumsegler, welcher dagegen, vielleicht zu seinem eigenen Erstaunen, Handelsminister wurde und als solcher mit der Energie eines Seemanns in den Eingeweiden der Industriellen wühlte, daß ihnen grün und blau vor den Augen wurde; — und alle die Provisorien, welche da unterliefen, und alle die Enqueten, welche man mit ernster Miene noch abhielt, als die Verträge in merito bereits geschlossen waren — — war alles das geeignet den Industriellen zu erziehen, den Glauben an die gedeihliche Zukunft seines Standes, den Muth in ihm zu erwecken und zu heben, an der Besserung der heimischen Verhältnisse mitzuarbeiten?

Wir haben bis jetzt diejenigen Hindernisse einer freien Concurrenz der heimischen Arbeit mit der des Auslandes besprochen, welche in der Bevölkerung selbst liegen, in der eigentlichen Arbeiterbevölkerung sowohl, als in den Kräften der Aufsicht und Administration, als endlich auch in den Kreisen der Unternehmer. Eine Industrie ohne Arbeiter und Industrielle ist eben nicht denkbar und die Folgen einer mehrhundertjährigen Mißerziehung lassen sich nicht mit den Schwamme hinwegwischen, wie Kreidestriche von einer Schiefertafel. Man muß mit diesen Verhältnissen ebensogut rechnen, wie mit den sachlichen und ziffermäßig festzustellenden Ursachen unserer Unconcurrenzfähigkeit, sonst wird das Facit des Calcüls immer durch den wirklichen Gang der Dinge Lügen gestraft werden.

Diese sachlichen und ziffermäßig festzustellenden Ursachen unserer industriellen Unconcurrenzfähigkeit lassen sich der großen Hauptsache nach wieder auf ein Moment zurückführen: Die liederliche Geldwirthschaft des Staates hervorgerufen durch seine militärischen Excesse. Daher eine erdrückende noch immer im Wachsen befindliche Steuerlast; daher ein unerschwinglicher Capitalzins; daher theure Eisenbahnen, durch die theuren Eisenbahnen theure Frachten, durch die theuren Frachten theure Brenn- und Hilfsstoffe; daher eine ewig schwankende Werthscala; daher das übermäßige Schwanken der Erwerbsverhältnisse selbst; daher die vielen aus den mißlichen Erwerbsverhältnissen resultirenden Fallimentsverluste, und die Unsicherheit des Verborgens; daher endlich die Vernachlässigung aller jener staatlichen Institutionen, welche der Industrie und dem Handel die Bahnen ebnen.

Man vergleiche doch einmal die lächerlich geringen Steuern, wie sie die industrielle Production unserer westlichen Nachbarn zahlt mit dem was unsern Industriellen dagegen aufgebürdet ist und zwar aufgebürdet in einer Art, die geradezu lähmend auf die industrielle Entwicklung wirkt. Der österreichische Fabrikant darf beispielsweise nicht die bescheidenste Amortisation seiner Maschinen von dem zu versteuernden Bruttogewinn, sondern höchstens nachträgliche Neuanschaffungen, sofern sie zur Ersetzung des abgenutzten Materials dienen, in Abrechnung bringen. Bei dem ewigen Schwanken aller Erwerbsverhältnisse weiß er aber durchaus nicht, ob eine derartige Ersetzung in seiner Convenienz liegen wird. Er weiß dagegen, daß der ganze kostspielige Maschinenpark, welchen er mit großem Capitalsaufwand in seine Fabrik investirt, in 10, oder bei außerordentlich günstigen Verhältnissen in 20 Jahren altes Eisen sein wird, daß er deren Werth abverdient haben muß, bevor er auf seine Kosten kommt; er weiß beispielsweise bei Modeindustrieen, daß in 3 oder 5 Jahren seine Maschinen keinen Werth mehr haben, oder er kann in Erfahrung bringen, daß durch Veränderung der Zollsätze seine Industrie auf den Aussterbestaat gesetzt ist, daß dieselbe in einer bestimmten Gegend durch Veränderungen der Lohn- und sonstigen Productionsverhältnisse ihre Lebensfähigkeit eingebüßt habe, muß aber die Quote, welche zur Abtragung des, seiner Zeit eingezalten Geldes dienen soll, mit versteuern, wie gewonnenes Geld. — Die Zinsen der ausgeborgten Capitalien dürfen gleichfalls aus dem Gewinne der Unternehmer nicht ausgeschieden werden.

Der auf solche Weise ermittelte Gewinn wurde ursprünglich zu dem, an und für sich nicht unmäßigen Satze von 5 Procent versteuert, diese Steuer aber nach und nach durch Zuschläge, welche aus provisorischen bald zu definitiven sich gestalteten, im Laufe der drei letzten Decennien auf das dreifache und darüber erhöht. Soweit das Jahr Gewinn ausweist, wird derselbe auf obiger Grundlage als Einkommen versteuert; wo dieser eine bestimmte Höhe nicht erreicht, wird ein der Größe der Unternehmung entsprechender Minimalsatz als Erwerbsteuer aufgestellt, welche unter allen Umständen gezahlt werden muß. Jemehr nun im Wechsel anhaltender, auf- und absteigender Geschäftsconjuncturen, welche bei uns durch das Hinzutreten der Agioschwankungen noch intensiver sich gestalten als anderwärts, auch die Geschäftsresultate längerer Perioden als Gewinn und Verlust einander gegenüberstehen, — um so drückender und aussaugender wirkt der hohe Steuersatz.

Bei den schwankenden Erwerbsverhältnissen sind Realitätenübertragungen in Oesterreich häufiger als anderwärts; diese Uebertragungen sind aber derart vom Staate besteuert, daß in jedem einzelnen Falle das Erträgniß für einige Zeit dadurch aufgezehrt wird. Wechselstempel, Couponsteuer, Frachtbrief- und Facturenstempel, so complicirte Gebührengesetze, daß der Industrielle und Kaufmann bei bestem Willen gar nie aus den Stempelstrafen herauskommt, — all' dieß saugt und pumpt und zieht an der österreichischen Production, aber nichtsdestoweniger soll diese mannhaft mit ihren Nachbarn kämpfen oder auf Abschaffung dieser hohen Steuern dringen, als ob sie sich dieselben aus Uebermuth auf den Hals geladen hätte; als ob wir nicht mit unserm Blute alle die Streiche zahlen müßten, welche unsere militärischen Gewalthaber seit fünfundzwanzig Jahren gemacht haben und noch heute fortmachen, weil sie nicht rechnen können oder wollen.

Daß unser ganzer Landeszinsfuß durch den größten Geldsucher, den Staat, welcher lange Jahre hindurch 8 bis 9 % Zinsen gezalt hatte, auf ein viel höheres Niveau gehoben worden ist; daß ein Zinsfuß von 8 bis 9 % kein wirthschaftlich zu rechtfertigender ist, weil in productiven Unternehmungen im großen Durchschnitte das Capital nicht annähernd soviel Zinsen trägt; daß also eine Staatswirthschaft, welche das Schuldenmachen auf dieser Skala zum System erhebt, damit eine sich fortwährend steigernde Brandschatzung der Steuerträger ins Werk setzt, welche auf das allgemeine Elend oder den schließlichen Zusammenbruch hinarbeitet, — wird von denjenigen, welche „die Hebung der Wehrkraft des Staates" zur einzigen Richtschnur ihres Denkens und Handelns genommen haben, kaum bestritten werden können.

Aber auch wir, die misera contribuens plebs, müssen das Capital, welches uns die Steuern verdienen helfen soll, für die Industrie mit 6—8 % bezahlen, weil der Staat 8—9 % zahlt. Unsere Nachbarn jedoch bekommen zu gleichem Zwecke das Capital um 3 bis 5 %, — wir sollen aber mit ihnen frei concurriren.

Den Actionären unserer österreichischen Eisenbahnen ist meistens eine Verzinsung ihres Actiencapitals mit 5 % vom Staate garantirt; der Emissionscours mußte dagegen, um das Capital, immer wieder in Concurrenz mit dem Staate, anzuziehen, so tief gegriffen werden, daß nicht 100 Gulden, sondern etwa 70 Gulden mit 5 Gulden jährlich zu verzinsen sind; außerdem kommen aber durch, im Ganzen ungünstige, Terrainverhältnisse, Bau und Betrieb der Eisenbahnen in Oesterreich natürlich theurer zu stehen als bei unsern Nachbarn. Die möglichst niedrige Bemessung der Frachten zur Steigerung des Verkehrs ist immer eine Maaßregel, welche sich erst in langer, langer Zeit bezahlt machen kann. Bei uns muß der Staat die Tendenz haben, den Eisenbahnen recht hohe Frachtsätze zu erlauben, damit er so rasch wie möglich aus der Verpflichtung komme, große Subventionen für Zinsengarantie zu zahlen. Dieß trägt aber in letzter Linie zum großen Theil die Industrie des Landes, welche zu ihrer regelmäßigen Versorgung mit Roh- und Hilfsstoffen, wie zur Versendung ihrer Producte weit mehr als irgend ein anderer Erwerbszweig auf billige Communication angewiesen ist. Jemehr und je schwererer Hilfsstoffe der Fabrikant bedarf, und aus je größerer Entfernung er sie beziehen muß, um eine Einheit seines Fabrikats herzustellen, desto mehr hat er unter theuren Frachten zu leiden. Ganz speciell die Kohle ist es, deren billige Beschaffung für die Industrie Lebensfrage ist. — Nun vergleiche man einmal die

Kohlenpreise an unsern Industrieplätzen mit denen des Auslandes. Wir sollen aber mit den Ausländern frei concurriren.

Wir haben in einer früheren Arbeit*) ausführlich den Nachweis zu geben versucht, daß das ewig schwankende Agio der österreichischen Industrie unmöglich einen dauernden Schutz zu geben geeignet war; daß dasselbe wohl während des Steigens und unmittelbar nachher, bis sich die Lebensmittelpreise sowie die Löhne der Verschlechterung der Währung accommodirt hatten, dem Gewinne des Fabrikanten das zulegte, um was es den Lohn des Arbeiters beeinträchtigte; daß sich aber während des Fallens des Agio's und unmittelbar nachher mit Naturnothwendigkeit das umgekehrte Verhältniß herausstellte, das heißt, daß dem Fabrikanten das entzogen wurde, um was sich der Arbeiter durch das Wachsen des Geldwerthes nun besser stand; daß sich also nach einer Reihe von Jahren, wo die Papierwährung wiederum al pari angekommen ist, die Summe der Vor- und Nachtheile für den Fabrikanten, ebenso wie diejenige der Nach- und Vortheile für den Arbeiter auf Null reducirt haben muß, und ebenso auch der eingebildete Schutzzoll des Agios. Denn in letzter Linie regulirt sich doch der Preis der Arbeit ebenso nach Nachfrage und Angebot wie alle übrigen Preise, wenn auch der auf- und abtanzende Werth des bedruckten Papierstückchens noch so große zeitweilige Störungen hervorbringt, und es ist gar kein Grund vorhanden anzunehmen, daß der österreichische Arbeiter durch ein volles Vierteljahrhundert aus dem Grunde seine Arbeit gegen ein geringeres Entgelt von Lebensmitteln, Kleidern u. s. w. verkauft haben sollte, weil das Tauschmedium in einem Werthzeichen bestand, welches einen Gulden an der Stirne trug, in Wirklichkeit aber bald 80, bald 70, bald wieder 90 Hundertstel eines Silberguldens werth war.

Waren wirklich, auf Silberwerth umgerechnet, in den letzten 26 Jahren die Summen der Tagesbezüge von bestimmten Arbeitercategorien in Oesterreich geringer als bei unsern westlichen Nachbarn, dann muß man erst den Nachweis führen, daß in dem Zeitraume vor 1848, wo noch kein Silberagio bestand, das Verhältniß zwischen

*) „Einige Ursachen der Wiener Krisis vom Jahre 1873" von Benno Weber. Leipzig, Veit & Co. 1874.

Inland und Ausland sich für den österreichischen Arbeiter günstiger gestellt habe, um, wenn auch keinen Beweis so doch einen Anhaltspunkt dafür zu haben, daß das Agio in Oesterreich den Preis der Arbeit nicht etwa blos in einzelnen Jahren sondern dauernd gedrückt habe. Wie sich aber heute das absolute Verhältniß zwischen Arbeitsleistung und Arbeitslohn in Oesterreich gegen das Ausland stellt, und ob das Minus an täglichen Bezügen bei Arbeitern gleicher Categorien nicht durch den durchschnittlichen Minderwerth der Arbeit in der gleichen Zeit weit mehr als ausgeglichen wird, dieß zu constatiren fehlen uns die statistischen und sonstigen Behelfe. Aber Eine Folge hat das Silberagio für die Concurrenzfähigkeit der österreichischen Industrie dem Auslande gegenüber allerdings gehabt, wenn auch keine günstige.

Durch das ewige Schwanken aller Werthe nämlich, durch die Unberechenbarkeit aller Gewinnst- und Verlustwahrscheinlichkeiten, durch die Bodenlosigkeit jeder industriellen Calculation, durch den furchtbaren Wechsel der Geschäftsconjuncturen ist die österreichische Industrie der ausländischen gegenüber zum Glücksspiel geworden. Nun ist aber ein wesentlicher Unterschied zwischen Industrie und Handel der, daß der Letztere sein Zelt überall aufschlagen kann, wo es im Augenblick etwas abzuweiden gibt, um dasselbe wiederum abzuschlagen, wenn an dem jeweiligen Standort nichts mehr zu holen ist, oder Gefahr droht, oder wenn anderswo fettere Weideplätze sich zeigen; — während die Industrie da stehen und fallen muß, wo sie einmal Fuß gefaßt hat.

Je größer da die Wahrscheinlichkeit ist, daß der Industrielle einen mäßigen aber sichern Nutzen durch Fleiß, Redlichkeit und Intelligenz aus seiner Unternehmung ziehen kann, um so günstiger wird unter sonst gleichen Verhältnissen der Boden für industrielle Anlagen sein. — Ein größeres industrielles Werk erfordert einen durchdachten Plan für die allmählige Regeneration seiner einzelnen Theile, um immer völlig wirthschaftlich ausgenutzt werden zu können und auf der Höhe der Zeit zu bleiben; dazu ist aber die gleichmäßige Flüssigmachung der entsprechenden finanziellen Mittel erforderlich. Der Betrieb eines Geschäftes mit kleinem und mit großem Capital ist ein ganz verschiedener; jedem Geschäfte aber sind Grenzen für seinen Capitalsbedarf gezogen, über welche hinaus nach der einen Seite, d. h. im Falle des Mangels, jedes nutzbringende Arbeiten in sein Gegentheil verwandelt wird, während nach der andern Seite der Ueberschuß eine Verwendung außerhalb des Industriebetriebs suchen muß.

Nun ist allerdings nicht zu läugnen, daß die Industrie in der ganzen Welt bedeutende Conjuncturveränderungen auszuhalten hat, aber in Oesterreich kommen zu diesen Schwankungen, welche wir mit unsern auswärtigen Concurrenten theilen, noch diejenigen hinzu, welche dem Wechsel des Agios ihren Ursprung verdanken. Die Industrie ist auf Werkfortsetzung begründet, auf continuirlicher Arbeitsausnützung eines industriellen Objects durch eine lange Reihe von Jahren; wenn nun der eine Industrielle in die Höhe gehoben, der andere aber zu Boden geschmettert wird, so ist das Gesammtresultat doch schlechter, als wenn, bei gleichem Durchschnitte ihrer Resultate, beide bescheiden durchkommen. Das wäre aber, wenn wir von den andern ungünstigen Vergleichungspunkten absehen, das Verhältniß der österreichischen Industrie zu derjenigen des Auslandes. Gesteigert wird dieser Uebelstand noch dadurch, daß aus gleichen Ursachen die Vermögenssicherheit des ganzen inländischen Handelsstandes und somit die Solidität und Creditfähigkeit der regelmäßigen Kundschaft der österreichischen Industrie bedeutend beeinträchtigt werden. Von dem an Reichthum zunehmenden Schuldner hat der Gläubiger doch immer nur den Betrag der Schuld, und nicht mehr, zu erwarten; durch die Verarmung desselben wird er aber leicht um sein dargeliehenes Geld gebracht. Der Fremde, welcher im Falle einer Ueberproduction oder einer wie immer gearteten Absatzstockung im eigenen Lande den unverkäuflichen Ueberschuß seiner Erzeugung auf unsern Markt wirft, kann sich recht leicht wenige sichere Häuser zum Verkauf aussuchen, oder auch die einmalige Gefahr des Verborgens tragen, welche der inländische Producent Jahr aus Jahr ein trägt.

Unsere Maschinenindustrie war nie sehr stark noch sehr vorzüglich; sie wartet wahrscheinlich auf die Segnungen des absoluten Freihandels, um sich zu entfalten; kurz, — sehr viele Industrien sind bis heute gezwungen ihren Maschinenbedarf aus England zu beziehen. Die geringe Entwicklung und große Zersplitterung unserer übrigen maschinenbedürftigen Industriezweige läßt aber eine derartige Theilung der Arbeit, wie sie eine vorzügliche und umfassende Maschinenindustrie braucht, bei uns nicht zu. Gegen den englischen Textilindustriellen nun, welcher in Manchester selbst, wo er arbeitet, auch seine Maschinen kauft, hat der Oesterreicher folgende Mehrkosten:

Verpackung,	durchschnittlich	etwa	12 %
Fracht	"	"	20 "
Zoll	"	"	12 "
Agentenprovision 5—10	"	"	6 "
		zusammen	50 %

Dieses Plus von 50 % muß von dem Oesterreicher verzinst und amortisirt werden, zur Strafe daß er es gewagt hat, auf einem unter einem andern System von der Regierung gewährten Schutz hin, fern vom Centrum des industriellen Lebens im eigenen Lande eine Industrie zu begründen. Nichtsdestoweniger aber soll er mit dem Engländer frei concurriren.

Sollen wir noch darauf hinweisen, daß, wer an Ort und Stelle des Centrums einer hochentwickelten Industrie lebt und wirkt, bei Neuerrichtung oder Regenerirung einer Fabrik ganz andere Erfahrungen zu Gebote hat, als derjenige, welcher Idee und Ausführung aus einem fremden Lande importirt? Sollen wir auf die immensen Vorzüge von Weltmärkten in Rohmaterial für die englische Textilindustrie hinweisen, welche dem Industriellen vor der Thüre liegen, eine unbegränzte Auswahl bieten und ihn des Nachdenkens, der Mühe und der Hindernisse für die ununterbrochene Rohstoffversorgung seiner Fabriken gänzlich überheben. Sollen wir beispielsweise noch anführen, daß die Textilstoffe aus Ostindien, und wahrscheinlich ebenso aus Australien trotz des Canals von Suez durch die Entwicklung der englischen Schifffahrt nach Liverpool weit billiger gelegt werden, als nach Triest? Sollen wir anführen, daß die öffentlichen Lagerhäuser in England, Frankreich und Holland eine lange und billige Einlagerung für Rohstoffe und Producte der Industrie und ebenso die leichte Belehnbarkeit derselben mit fremdem, zinsensuchendem Capital gestatten, während Lagerspesen und Lagerzinsen bei uns die Productionskosten ungleich mehr vertheuern?

Alle diese Hindernisse der Concurrenz lassen sich immer nur im einzelnen Falle und auch da nur theilweise bei Heller und Pfennig nachweisen, — und jeder einzelnen Industrie muß es auch überlassen bleiben für sich diesen Nachweis zu führen. Aber das allgemeine Schwergewicht der verschiedenen hier angeführten Momente wird wohl von niemandem ernstlich bestritten werden, der Augen und Ohren nnbequemen Thatsachen nicht absichtlich verschließen will.

„Aber warum sollen denn die armen Consumenten „darunter leiden, daß die österreichische Industrie theuer „zu produciren gezwungen ist, als diejenigen anderer „Länder?"

Geduld, meine Herren Kathederphilanthropen! Die Antwort auf diese Frage soll Euch nicht vorenthalten bleiben; einstweilen wollten wir nur constatiren, daß eine offene Concurrenz auf eigenem Boden, wenn man überhaupt eine österreichische Industrie will, nicht möglich ist; dann kommt die Behandlung der Frage, ob die Existenz dieser Industrie unter Voraussetzung der nöthigen Opfer im Interesse der Gesammtheit liegt oder nicht.

Aber vorher richten wir noch die höfliche Frage an diejenigen, welche den Industriellen den Rath gegeben haben, lieber die Hindernisse der Concurrenzfähigkeit zu beseitigen, anstatt nach Schutz zu schreien, — welches Hinderniß diese denn zuerst beseitigen sollen, und wie sie das anzufangen haben? — Wollen villeicht die Herren Ideologen den Steuerausfall, welcher den Staat durch Entlastung der Industrie treffen würde, aus ihrer Tasche bezalen, soll derselbe gar auf ihre Schützlinge, die „armen Consumenten" überwälzt werden? — — U. A. w. g.

Des Oesterreichers Ach und Weh ist eben auch nur von einem Punkte aus zu curiren: Aus unserer Staatsfinanzmisere kommen fast ausnahmslos alle die genannten Uebel her, soweit sie materieller Natur sind; und je mehr sich beim Einzelnen diese Ueberzeugung Bahn bricht, desto kleinlauter, gedrückter und hoffnungsärmer muß seine Anschauungsweise unserer heimischen Zustände werden. Halte

Dich in Oesterreich von öffentlichen Dingen fern, so wirst Du leichter der Gefahr entgehen dem Trübsinne zu verfallen!

Während mit Beginn der constitutionellen Zustände die Hoffnung wieder etwas aufzuflackern begann, daß der Kampf um die Zukunft des Landes mit jenem Aftergebilde des Patriotismus, welches die Kriegspartei genannt wird, aufgenommen werden soll, und wenigstens mit Anspannung der äußersten Kräfte in Jahrzehnten jene Wunden geheilt werden könnten, welche deren Stupidität und Leichtsinn uns geschlagen, — — ist nun von anderer Seite dafür gesorgt, daß die Lotterwirthschaft nicht zu Ende gehe.

Kennt Ihr die Geschichte vom verlorenen Sohne? Von dem wilden, störrigen Burschen, welcher vom Vater sein Erbtheil begehrte, damit hinauszog aus dem väterlichen Hause, sein Gut vergeudete und verpraßte, und dann, als er von Stufe zu Stufe heruntergestiegen war, und die Treber aus dem Futter der Schweine, die er zu hüten hatte, seinen nagenden Hunger nicht mehr zu stillen vermochten, reuig wieder zurückkehrte und um die bescheidenste Unterkunft bat, — — doch halt! hier hört die Geschichte auf zutreffend zu werden: Wir hatten auch einen Bruder der trotzig fortzog nach Theilung des gemeinschaftlichen Erbes, gleich und gleich die Rechte, dreißig und siebzig die Pflichten; der dann in Saus und Braus das Seinige verthat, bis der letzte Jude den letzten Heller zu leihen verweigerte, — jetzt aber schickt er sich an, mit geballter Faust an unsere Thür zu schlagen:

„Bruder, ich hab' nichts mehr. Wir wollen von Neuem theilen."

Was wir herüben für ein nothwendiges, oder auch in diesem Umfange nicht nothwendiges Uebel angesehen hatten, die Unterhaltung eines großen Heeres, das machte unserm Bruder jenseits des kleinen Wässerchens einen solchen Spaß, daß er gleich zu der gemeinsamen noch eine eigene Luxus-Armee aufstellte; er nahm zur Herstellung großer kostspieliger Bauten riesige Summen auf, von denen er so viel verspielte und verjubilirte als seinem Herzen behagen mochte, setzte seine unfähigsten Freunde in alle öffentlichen Aemter ein, und jagte dagegen jene aus dem Lande die etwas gelernt hatten; heute*)

*) Neujahr 1875.

aber macht er Miene mit heiserer Stimme herüberzurufen: „Bruder, bei der ersten Theilung bin ich zu schlecht weggekommen. Morgen theilen wir wieder!“

Hüben: sehr wenig Patriotismus aber doch einiges Pflichtgefühl; drüben: sehr viel Patriotismus, sehr schöne lange Parlamentsdeclamationen, aber darüber hinaus — sieht man in einer Wolke von pechschwarzen Raben einige weiße flattern; die schwarzen sollen es sehr gut verstehen, von den Früchten des Landes fett zu werden.

Ach! könnte da doch noch der Schnitt, der im Jahre 1867 gemacht worden ist, etwas vertieft werden bis auf die reine Personalunion. Ungarn soll dann den ganzen Großmachtsplunder auf eigene Rechnung übernehmen; es hat ja so viel Talent zur Großmacht, und wir wünschen ihm herzlich Glück dazu. Nur soll es uns nicht in seine Bahnen ziehen; nur sollen wir nicht verdammt sein, in alle Ewigkeit das auszuessen, was es uns einbrockt. Wir werden dann ein einfacher und bescheidener Mittelstaat, aber ein geordneter Culturstaat und können mit einiger Seelenruhe den sonderbaren Purzelbäumen der Asiaten, immer näher zum Abgrunde hin, zusehen. Wie schnell ist doch jener Ruhm von der politischen Reife unserer Nachbarn verblichen! Wie hat der feste Halt ihrer ersten selbstständigen Regierung, den wir beneideten, einem fieberhaften Hexentanze ewig wechselnder Cabinete Platz gemacht, während wir es gelernt haben, durch drei volle Jahre ohne Systemwechsel auszuhalten!

Wir gratuliren unsern Nachbarn zu einer eigenen Nationalbank. Da haben sie dann wieder eine neue Kuh im Stalle, der einige feine Herren in Kurzem den letzten Milchtropfen ausgepreßt haben werden, die dann von hundert unwissenden Kurschmieden behandelt und mißhandelt werden wird, bis sie alle Viere mit dem letzten Seufzer von sich streckt, ... und das Land wird den Kaufpreis für sie noch schuldig sein.

Je mehr der gerühmte „jungfräuliche Credit Ungarn's“ von dem unsrigen getrennt, je weniger ihre Thaten mit den unsrigen vermischt werden, um so besser für uns. Sie werden ritterlich bleiben, — wir werden bürgerlich werden; aber so weit sind wir leider noch lange nicht. Bei den Großmachtsansprüchen, welche von dem Doppelstaat der österreichisch-ungarischen Monarchie seiner Ausdehnung und

Gesammtvolkszahl wegen erhoben werden, liegt immer die Gefahr wie ein Alp auf uns, daß — wenn unsere theure Osthälfte in ihrer vollkommen autonomen Wirthschaft das Bischen gemeinsame Verpflichtungen nicht mehr wird einhalten können, welches sie die Gnade hatte auf sich zu nehmen — dann an unsern breiten und geduldigen Rücken von mancher Seite der Anspruch herantreten wird, auch dieses Plus noch aufzunehmen.

Während nun im Laufe des letzten Decenniums diese Gefahr mit jedem Jahre näher herantritt, ist der ältere Feind der financiellen Regeneration und damit auch der staatlichen Fortexistenz unseres Vaterlandes, die Kriegspartei, noch durchaus nicht dauernd überwunden; sie grollt indessen schweigend wie Achilles als ihm die Briseis geraubt wurde, sie grollt, daß es Schreier gibt, welche ihre hohen Verdienste um unser armes Vaterland durchaus herabsetzen wollen; daß diese Volksvertreter, welche von militärischen Erfordernissen gar nichts verstehen, welche gar keine militärische Bildung genossen haben, in ihre Projecte zur immer großartigeren Entwicklung der Wehrkraft Oesterreichs hineinreden wollen, blos des elenden Geldes wegen, welches das dumme Volk zu zahlen hat. Es stehen nicht nur die alten Säulen dieser Partei; die alten Meister machen auch Schule unter der jüngern Generation, wie dieß eine neue literarische Erscheinung beweist, welche, mit voller Wärme der Ueberzeugnng und großer jugendlicher Frische abgefaßt, wie eine Petarde auf den Markt geschleudert wurde zum Schrecken der harmlosen Passanten. Gern hätte man sich wohl officiellerseits alle Mühe gegeben, die Brandspuren rasch zu vertilgen, wenn es dazu nicht zu spät gewesen wäre.

Ein höchst bezeichnender Ausdruck, den jene Partei erfunden hat, ist „das Sparsystem". Als es nämlich mit der alten Wirthschaft der Fünfzigerjahre gar nicht mehr fortgehen wollte, als kein Fremder mehr borgte, und kein Einheimischer mehr höher taxirt werden konnte, als der Bankrott vor der Thüre stand und in Folge alles dessen den bisher vollkommen unumschränkten militärischen Projectenmachern zum ersten Mal ein Zügel angelegt wurde, erfanden diese zum Hohn den Ausdruck „Sparsystem", ein Wort, das immer nur in Begleitung von verächtlichem Achselzucken und einer gräulichen Verzerrung des Gesichts ausgesprochen wird. Als ob es überhaupt ein System des Sparens geben könnte, dem sich ein vernünftiges System des Nichtsparens gegenüber stellen ließe; als ob nicht jeder Mensch, der seine Auslagen ohne Rücksicht darauf einrichtet ob auch die Einnahmen dazu ausreichen, ganz einfach ein — Lump, und hierin die Analogie zwischen Individuen und Staaten völlig zutreffend wäre. Dabei wird mit fromm verdrehten Augen über die Menge Geld geklagt, welche der Reichsrath dem Lande koste, — während ein einziges Uebungslager zur Instruction einiger Stabsofficiere mehr Geld verschlingt als für den Reichsrath im ganzen Jahre ausgegeben wird.

Ein fundamentaler Irrthum der heute allgemein gültigen militärischen Anschauungen scheint uns darin zu liegen, daß als selbstverständlich vorausgesetzt wird, die militärische Machtentfaltung eines Staates müsse nothwendig in genauer geometrischer Proportion (die Kriegspartei sagt: mindestens in Proportion) zur territorialen Ausdehnung des Landes und vor allem zu seiner Bevölkerungszahl stehen. Sind die Schweiz, Belgien, Holland, die Fürstenthümer, deßwegen weil sie einen kleineren Umfang haben, weniger bedroht als die großen Staaten, oder ist ihre Bedrohung für den Bürger dieser Staaten von weniger Bedeutung als in Ländern, welche die vierfache, oder sechs- oder zehnfache Bevölkerungszahl haben? — „Ja," wird man uns erwidern, „diese kleinen Länder können eben „nicht eine so große Macht zu ihrer Sicherheit stellen und bezahlen, „darum müssen sie Frieden halten und sich an Stärkere anlehnen." — So! sagen wir darauf, also um's Können handelt es sich? Wer wagt aber zu sagen, daß wir ein, zu unserer Volkszahl im selben Verhältniß stehendes Heer erhalten können, wie unsere reichen, wirthschaftlichen, in geordneten Verhältnissen lebenden Nachbarn, große und kleine? Daß das Opfer, welches für sie ein erträgliches sein mag, uns nicht von Schritt zu Schritt mehr zu Boden drückt? Repräsentiren die militärischen Extravaganzen der vergangenen Decennien mit ihren Zinsen und Zinseszinsen zu 7, 8 und 9 Procent nicht heute eine Summe, welche schwindeln macht, wenn man sie überblickt; sind wir durch diesen Ausfall nicht wirthschaftlich schwach und elend geworden, und geht uns dieses Geld nicht ab, um die militärische Proportion mit unsern Nachbarn aufrechtzuerhalten? Haben wir nicht sogar ein Recht zu verlangen, daß durch doppelte Restriction des kriegerischen Aufwandes dem Volke wieder ein Theil von dem erstattet werde, dessen Beraubung es arm gemacht hat?

Die militärische Tactik den Parlamenten gegenüber ist immer dieselbe und unsere Generale haben sie den Fremden sehr rasch abgeguckt: Ohne viel zu fragen wird der **äußere Rahmen** der militärischen Entfaltung in Regimentern und Mannschaftsstand so groß angelegt, als die Umstände es nur immer gestatten, und auf Grund dieses Rahmens wird ein reichliches Budget aufgestellt. Nun kommen die Volksvertreter, schlagen die Hände über dem Kopfe zusammen, und verlangen ausgiebige Abstriche. Ihnen erwidern die Vertreter des Militärärars mit eisiger Kühle: „Meine Herren Volksvertreter, es steht ganz bei Ihrem Patriotismus, ob Sie wegen ein paar Millionen Gulden, die Sie da allenfalls herunterschinden können, die so und sovielmal hunderttausend Mann, die Sie nun doch einmal nähren und kleiden und bewaffnen müssen, kriegsuntüchtig machen oder kriegstüchtig erhalten wollen. In dem einen Falle bringt das Land ein fast eben so großes aber ganz unnöthiges Opfer, im andern Falle wird es Ihre höhere Einsicht preisen. Sie sind die Herren über Gut und Blut des Landes, Sie trifft aber auch die Verantwortung, wenn wir unserm nächsten Feinde derartig gegenüberstehen, daß auch die größten Wunder von Organisation und Führung des Heeres einen Erfolg nicht ermöglichen werden." Die armen Volksvertreter drehen ihre Daumen, kratzen sich hinter den Ohren, endlich werden ihnen die Positionen vor Augen gebracht, welche eigens dicker angelegt wurden, um einer harmlosen constitutionellen Streichung zum Opfer zu fallen; der Minister widersteht, der Abgeordnete beharrt, der Minister gibt nach, man reicht sich die Hände, der Abgeordnete stößt einen Schlußseufzer aus, welcher so viel heißt als: „Meine Mandanten werden's zwar kaum erschwingen können, aber ich habe ihnen doch 'was erspart;" der Minister hat was er will und alle gehen beruhigt nach Hause.

Als in den Delegationen von 1871 auf 1872, wo unsere dießseitigen Volksvertreter die Wahlreform mit dem sogenannten Normalbudget abkaufen mußten, diese alte Comödie mit Virtuosität abgespielt wurde, die österreichischen Delegirten im ersten Acte aber nahe daran waren, sich gegen die große Mehrbelastung durch die neue Organisation ernstlich zu widersetzen, schleuderte ihnen der Kriegsminister das Wort zu: Ob sie etwa läugnen könnten, daß der enorme wirthschaftliche Aufschwung des Landes diesem auch größere Lasten als bisher zu tragen erlaube? Die armen Delegirten glaubten damals nicht läugnen zu können, kratzten sich hinter den Ohren rc. rc. und bewilligten was verlangt wurde. Heute ist das damalige Wort des Kriegsministers vergessen; der enorme wirthschaftliche Aufschwung hat sich als der Anfang eines enormen wirthschaftlichen Elends entpuppt, das Normalkriegsbudget aber ist fest auf unsern Nacken geschnallt.

Sollen wir dazu noch die Geschichte von den 3, sage drei, ungarisch-galizischen Hochgebirgsbahnen erzählen, welche, ohne auf eine ungezählte Reihe von Jahren auch nur die Aussicht zu bieten, ihre Betriebskosten zu decken, ohne jedwede volkswirthschaftliche Berechtigung zu rein militärischen Zwecken, durch Landstreifen von nur mäßiger Breite getrennt, den beiden Reichshälften wieder Zahlungsverpflichtungen für die Zinsen eines Capitals von 70 bis 90 Millionen Gulden aufladen, welche nicht, wie sie sollten, im Kriegsbudget erscheinen!*)

Aber während wir unter diesen Lasten keuchen, während durch die nun schon bald ins dritte Jahr dauernde wirthschaftliche Deroute unser Land aus hundert Wunden blutet, während das kaum verscheuchte alljährliche Deficit sich wieder häuslich bei uns einrichtet, ertönt da mit dem ganzen Feuer der Jugend eine energische Stimme: „Zwei neue Feldartillerieregimenter! Tausend Positionsgeschütze hier, zweitausend dort, zweitausend da! Dreißig neue Forts auf dieser strategischen Linie, dreißig auf jener! Strategische Front verkehren! Rußland natürlicher Alliirter, alles Bisherige blos Mißverständniß,

*) „Wir können gegen die russische Gränze zu gar nicht genug Eisenbahnen haben" erklärte uns einmal auf die gesprächsweise Erwähnung dieses kostspieligen Luxus hin mit überlegener Miene ein Generalstabsoffizier.

Deutschland dagegen Erzfeind! Nehmt alle Kraft zusammen zum letzten großen Kampfe der doch kommen muß — — —"

Wie frisch und lustig wäre dieses Heldenthum, wenn es für die Aussichten auf unsere Zukunft nicht so tieftraurig wäre! Immer der nächste Krieg der letzte, so heißt es nun schon seit fünfundzwanzig Jahren, aber das Spielen mit dem Feuer nimmt nie ein Ende. Die Herzensgeheimnisse einer immer noch allzumächtigen Partei sind durch die rasche Jugend den profanen Augen der Welt preisgegeben worden. Wir haben von jungen Lippen gehört, wie das graubärtige Alter denkt und was für Kämpfe uns noch bevorstehen. Das ist die Bedeutung jener Schrift.

Oh! könnten doch diejenigen Glieder dieser Partei, welche heute noch im guten Glauben leben, Patrioten zu sein, — könnten sie doch einsehen, daß das schnellste Mittel um Oesterreich zu zerstückeln und zur Beute seiner Nachbarn im Westen wie im Osten zu machen, das Fortschreiten auf dem Wege ist, auf welchen diese Herren seit einem guten Vierteljahrhundert unser armes, unglückliches Vaterland gedrängt haben; daß ein Volk noch zu etwas anderm auf der Welt ist, als die Mittel zu liefern für die Exercierkünste von Protectionsgeneralen; daß ein creditloses, ausgesaugtes, materiell ohnmächtiges Land, zu dem sie das Unsere machen wollen, so weit sie es nicht schon dazu gemacht haben, auch in staatlicher Beziehung keine Widerstandskraft gegen äußern Druck üben kann; daß, wenn der Patriotismus bei uns zu Lande eine seltene Pflanze geworden ist, sie und ihre Thaten es gewesen sind, die ihn Halm für Halm aus dem Herzen des Volkes ausgerodet haben.

Wir halten inne. Sind wir doch schon etwas weit von der Zoll- und Exportfrage abgelenkt worden. Doch haben wir den Faden nicht verloren: wir haben die Grundursache unserer industriellen Unconcurrenzfähigkeit in den Lasten und Uebelständen gefunden, welche die finanzielle Mißwirthschaft des Staates uns aufbürdet; so hatten wir wohl Anlaß, uns auch bei den Ursachen dieses letzteren Hauptübels etwas länger aufzuhalten.

Bei dieser Lage der Dinge fanden es unsere Staatsmänner an der Zeit, mit der Herabsetzung der Schranken für fremde Fabricate immer von Neuem einen Schritt weiterzugehen. „Es kommt nur „auf die Gewöhnung an; die österreichischen Fabrikanten „müssen consequent für den Freihandel erzogen werden. „Da, wo vorgestern 20 Gulden Zoll waren, haben wir gestern 16 ge- „setzt; morgen setzen wir 12, in 8 Tagen 8 Gulden und so wird die „österreichische Industrie in kurzem zu ihrer Freude gewahr werden, „daß sie sich nur geirrt hatte, daß sie den Schutzzoll gar nicht braucht."

Dort, wo wirklich ein Irrthum zu Grunde liegt, oder dort, wo die Fortschritte im eigenen Lande größer sind als gleichzeitig in den Concurrenzländern, ist diese Theorie sehr schön. Hingegen da, wo gewichtige materielle Ursachen der Concurrenzunfähigkeit vorliegen, Ursachen, welche im Laufe der Jahre nicht nur nicht zu bestehen aufgehört haben, sondern in beständiger Steigerung begriffen sind, da erinnert diese Theorie verzweifelt an die Schlauheit jenes Bauers, welcher nach und nach seinem Pferde das Fressen abgewöhnen wollte. „Am fünften Tage hatte es schon ganz gut begriffen und war nur etwas wacklig auf den Füßen, da plötzlich am sechsten Tage wird die Bestie boshaft und verreckt."

Ob ein ähnlicher Ideengang der des Grafen Beust war, als er ohne noch die österreichischen Productionsverhältnisse zu kennen, und ohne diejenigen, die sie kannten, ernstlich zu fragen, hinter dem Rücken der Industriellen durch die Hand des damaligen Admiral-Handelsministers mit den Engländern jenen verderblichen Pact abschloß, wissen wir nicht; vielleicht hat uns auch inzwischen die dadurch erkaufte Freundschaft der Engländer so große heimliche Vortheile gebracht, daß dagegen die kleine materielle Einbuße unseres Landes an einigen zu Boden gedrückten Industrien gar nicht in Betracht kommt.

Mit alledem aber, daß wir uns im eigenen Hause nicht auf den Füßen halten können, werden wir von unsern guten Freunden auf die Wanderschaft geschickt. Während die herabgesetzten, aber immerhin noch bestehenden Zölle auf viele Artikel industrieller Production uns auf unserm eigenen Markte gegen das erdrückende Eindringen fremder Waare nicht mehr zu schützen vermögen, und zwar aus Ursachen, welche mehr oder minder für alle Zweige der österreichischen Industrie dieselben sind, — sollen wir mit unsern Erzeugnissen auf fremden Märkten mit den Engländern, Franzosen, Deutschen und Schweizern concurriren, wo wir noch die Fracht ins Ausland zu tragen haben, wo wir selbst noch zu allem Andern einen Eingangszoll zu entrichten haben.

„Export! Export! Nur in der Eröffnung neuer Absatzwege, nur „im muthigen Kampfe auf dem Weltmarkt kann die österreichische Industrie „gesunden!" .... sonst aber befehlen Sie gar nichts, meine Herren?

Unsere guten Exportenthusiasten lassen aber nicht nach. Direct nach Manchester, Elberfeld oder Mühlhausen mit unsern unter der Aegide des österreichischen Steuerbogens angefertigten Baumwoll- und Schaafwollwaaren zu gehen, verlangen sie allerdings nicht. Aber damit ist die Welt ja noch nicht abgeschlossen.

„Unser Feld ist der Osten. Mit Rußland, der Türkei, „den Fürstenthümern und Egypten, welche in der Industrie „noch unter uns stehen, soll unsere Regierung Verträge „abschließen, welche unsern Producten einen lohnenden „Absatz sichern."

Sehr schön gedacht. Aber erstens ist Rußland der Staat nicht, uns auf den Leim zu gehen, weil wir den Engländern auf den Leim gegangen sind. Dann aber, wenn Rußland sich gedrungen fühlen sollte, den Fremden für ihre Producte Thür und Thor zu öffnen, wird für uns gewiß nicht extra abgekocht werden, sondern wir concurriren dann in Rußland ebenso mit unsern überlegenen Gegnern aus dem Westen, wie dieß schon heute der Fall ist. Nach Petersburg und Odessa wird die englische Waare durch den Seetransport noch immer eine billigere Fracht haben als die österreichische, und nach Alexandrien und Constantinopel ebenso, auch nach Vollendung der türkischen Bahnen. Bleiben also noch die Fürstenthümer, nach welchen wir allerdings nur um diejenige Quote schlechter verkaufen als im eigenen Lande, welche sich durch den einheimischen Zoll und die Differenz der Frachten ergibt.

Seien wir also minder kühn in unseren Industrieexport-Projecten. Solange unsere Productionsverhältnisse denen des Auslands gegenüber sich nicht günstiger gestalten, müssen wir uns mit den Abfällen vom Tische unserer reichen Nachbarn begnügen. Die Zündhölzchen und Ledertaschen sind uns ohnedieß schon weggenommen worden, — exportiren wir also wie bisher Perlmutterknöpfe, — die Perlmutterknöpfe zu den Hemden, welche die Engländer liefern und überlassen wir diesen die Röcke und Hosen ganz sammt allem Zubehör.

Wir können diesen Abschnitt über die Lasten und Mißstände unserer industriellen Production und somit über die Hindernisse unseres industriellen Exports nicht schließen, ohne noch eines Krebsschadens zu gedenken, welcher, im eigenen Fleische unseres gewerblichen Lebens wuchernd, weiter und weiter um sich greift und endlich den ganzen Körper zu vergiften droht — wir meinen die Pinkelindustrie aller Confessionen. Immer weiter gehende Fälschung der Qualität der Waare, immer größer werdende Correcturen an Maaß, Gewicht und Stückzahl derselben, fortschreitende Verlotterung der Geschäftsusanzen, Nichteinhaltung der eingegangenen geschäftlichen Verpflichtungen, das rasche Herausfinden aller derjenigen schwachen Puncte, von wo aus die Demoralisation eines Geschäftszweiges zum Vortheil für die eigene Tasche in Angriff genommen werden kann, und bei aller inneren Schmutzigkeit die Formen großer kaufmännischer Coulance und anspruchsvollster Repräsentation, — das ist es, was die Pinkelindustrie characterisirt.

Der inländische Verkehr leidet in so fern darunter, als der ehrliche Producent die Prämie für das durchschnittliche Betrugsrisico mit dem Unehrlichen in gleicher oder doch ähnlicher Weise vom Preise seines Productes tragen muß. Denn bis die Menge der Käufer den Unterschied zwischen dem reellen und dem unreellen Lieferanten kennen und taxiren gelernt hat, ist der Pinkelindustrielle längst ein reicher Mann geworden. — Im Verkehr mit dem Auslande hat das Liefern von fehlerhafter, unmaaßhältiger Waare auf schöne Muster und verlockende Probesendungen hin die einfache Wirkung, daß nach einer größeren Anzahl eclatanter Fälle der industrielle Name des betreffenden exportirenden Landes in Verruf geräth; die commerciellen Beziehungen werden abgeschnitten, und hundert ehrliche Leute bringen in einem Jahrzehnt das nicht wieder herein, was zehn Spitzbuben in einem Jahre verbrochen haben.

III.

Diejenigen meiner geehrten Leser, welche der alleinseligmachenden Lehre vom freien Handel anhängen, werden, falls sie diese Schrift nicht schon längst mit aller Kraft eines edlen Zornes in den entferntesten Winkel des Zimmers geschleudert, doch jedenfalls bereits einen großen Vorrath von Ungeduld in sich aufgehäuft haben, daß hier immer nur von Production, von Productionsbedingungen und Producenten gesprochen worden ist, als ob die Consumenten ganz von der Welt verschwunden wären.

„Die Production bleibt doch immerhin blos Mittel, „die Consumtion ist der Zweck; die Interessen des Consu„menten müssen daher vor allem Andern gewahrt werden". So lautet ein Fundamentalsatz der Alleinseliggemachten oder zu machenden, der freilich etwas in Opposition ist mit dem uralten Volkssprichwort: „Du lebst nicht um zu essen, sondern Du issest um zu leben"; in Opposition auch mit der noch viel älteren biblischen Berufsdefinition des Mannes: „Du sollst arbeiten im Schweiße Deines Angesichtes"; in Opposition endlich mit unserer täglichen Lebenserfahrung, welche dahin geht, daß das Produciren sehr mühsam und schwierig, das Consumiren dagegen recht leicht und vergnüglich sei.

Die Production Mittel, die Consumtion Zweck. In gewisser Beziehung ist dieß immerhin ganz richtig: wir arbeiten um unsere Lebensbedürfnisse von dem Ertrage der Arbeit bestreiten zu können. Es ist nur die Frage, ob dieser Satz unsere wirthschaftliche Erkenntniß wesentlich fördert. Wie kann man überhaupt Mittel und Zweck in einen Gegensatz bringen wollen? Wenn eben die Production die Mittel nicht liefert, oder nur in ungenügender Weise liefert, deren die Consumtion zu ihrer Befriedigung bedarf, so kann man diese letztere zu befördern oder zu erleichtern suchen, wie man will, man wird seinen Zweck nicht erreichen.

Die große zu lösende Frage ist aber die: Hat die Gesammtheit der Producenten unseres Landes, welche mit der Gesammtheit der Consumenten in letzter Linie doch zusammenfallen muß, an dem Schutze eines bestimmten Theils der Production, an dem Schutze der gewerblichen oder industriellen Production nämlich, ein deutlich erkennbares und schwerwiegendes Interesse, ein solches, dessen solidarische Wahrung anzustreben ist, oder nicht?

Einer der hervorragendsten, und gewiß in vieler Hinsicht auch einer der verdienstvollsten deutschen Nationalökonomen, stellt einmal ungefähr folgenden Satz auf:

„Der Schutzzoll ist immer nur die Besteuerung eines „Theils der Production zu Gunsten eines Anderen. Ein „Schutzzoll, welcher sich auf die gesammte Production eines „Landes erstrecken würde, ist ein Widersinn".

Das klingt in Wahrheit sehr glatt und bestechend. Der Schutzzoll könnte also höchstens als Erziehungsmittel einen Werth besitzen, um in irgend einer Richtung das Eis zu brechen, um gegenüber den anderen entwickelteren Productionszweigen das Kapital auf einen neuen Zweig wirthschaftlicher Thätigkeit hinzulocken, und auf Kosten der Gesammtheit eine zeitweilige Prämie für eine neuartige Production auszusetzen, etwa wie man direct zur Hebung der Rindvieh- oder Pferdezucht Preise votirt, oder bei Industrieausstellungen Medaillen vertheilt — aber immerhin müßte dieß mit dem Bewußtsein geschehen, daß der Landwirthschaft genau die Anzahl Gulden entzogen werden, welche die Industrie gewinnt, abzüglich dessen etwa, was die Grenzbewachung und Zollmanipulation kostet.

Das klingt, wie gesagt, außerordentlich glatt und bestechend; man meint, wer das einmal höre, für den sei der Stab über die Schutzzolltheorie ein- für allemal gebrochen.

Solch' ein Satz in Lapidarstyl, der muß aber dann auch eine ganz ausnahmslose Geltung besitzen. Zweimal zwei ist vier, nicht nur 99 Mal unter hundert, sondern es ist immer vier gewesen und wird immer vier bleiben. Gelingt es uns nur einmal zu zeigen, daß die obige Behauptnng nicht immer richtig zu sein braucht, so ist es uns dann vielleicht gestattet unsere Leser zu überzeugen, daß der Satz für unsere Verhältnisse nicht richtig **ist**, und daß eine volkswirthschaftliche Gebarung, welche auf Grund dieses Satzes in unserem Lande angestrebt wird, demselben nicht zum Heile, sondern zum Schaden zu gereichen geeignet ist.

Wir wenden uns zu diesem Behufe an den Nothhelfer aller Nationalökonomen, an den schiffbrüchigen Inselbewohner Robinson. Robinson soll bei Ankunft des englischen Schiffes seinen langjährigen Aufenthalt auf einer Insel des stillen Oceans nicht verlassen, sondern dieses Schiff oder ein anderes soll ihm ein Weib gebracht haben, mit welchem er zwei Söhne zeugte, von denen er den einen unterrichtete, die Pflugschaar zu führen, Geflügel und Rinder zu züchten, den andern aber, Lein und Wolle zu spinnen und zu verweben. Bei seinem Tode ermahnte er sie, sich in ihren Bedürfnissen gegenseitig zu unterstützen; die Söhne führten Frauen benachbarter bewohnter Inseln heim, gründeten jeder einen eigenen Hausstand und während der Eine die Familie des Andern mit Feldfrüchten, Milch und Fleisch versorgte, lieferte dieser seinem Bruder und dessen Angehörigen die Kleider, Schuhe und Geräthe, welche sie benöthigten. Die Abrechnung wurde in den Münzen der ebengenannten nächstliegenden bewohnten Inseln vorgenommen, woher beide Brüder auch die übrigen Gegenstände ihres Bedarfs, Waffen, Schießpulver u. dergl. bezogen.

Dieß ging seinen ruhigen, gleichmäßigen Gang fort, jahraus, jahrein. Da erschien eines Tages auf derjenigen Seite der Insel, welche der ackerbauende Bruder bewohnte, ein englischer Handelsdampfer, um Wasser einzunehmen. Robinson der Jüngste, der Ackersmann, trat mit dem Aufseher der Ladung in Verkehr, besichtigte die Waaren, bewunderte die schöne und vollkommene Anfertigung der Stoffe, erstaunte über deren billigen Preis und ließ sich leicht bestimmen, seinen Bedarf für das kommende Jahr an Leinwand und Tuch aus den Vorräthen des Schiffes gegen die Geldsumme in Inselwährung, welche er zurückgelegt hatte, anzuschaffen. Als Bruder Weber das nächste Mal mit seinen ärmlichen Erzeugnissen angerückt kam, wies Bruder Landwirth mit vielem Stolz und etwas Hohn auf seine bereits gemachten Einkäufe hin, die um mindestens 10 Procent besser und außerdem um ebensoviel billiger wären, als die Waaren des Bruders. Traurig erwiderte dieser, daß er nun, wo er für seine Gewebe kein Geld lösen könne, auch nicht in der Lage sei, Landwirthschaftsproducte zu kaufen, er müsse nun seinen Webstuhl stille stehen lassen, und trachten, bis zum Winter selbst soviel Vorräthe an Lebensmitteln zu gewinnen, um sein und der Seinigen Leben fristen zu können. Bruder Landwirth machte zu dieser Eröffnung zwar anfangs ein etwas langes Gesicht, tröstete sich aber rasch; der Engländer hatte ihm ja versprochen wieder zu kommen; wollte ihm derselbe dann abermals etwas verkaufen, so müßte er ihm dagegen auch seine Erzeugnisse an Getreide abnehmen. Der Engländer hielt Wort. Er brachte Waaren, womöglich noch schöner und billiger als das erste Mal und bot sie Robinson, dem Landwirth, zum Kaufe an. „Hört zuvor ein vernünftiges Wort;“ sagte dieser, „wollt ihr mir, bevor wir den Handel schließen, nicht erst mein Getreide abkaufen? Ich habe Euch mein Baargeld voriges Jahr gegeben; nun muß ich erst Neues lösen, bevor ich Eure schönen Stoffe bezahlen kann“.

„„Von Herzen gern“, antwortete der Britte, „was kostet Euer Getreide?““ Robinson nannte den Preis, wie ihn der Bruder bei guter Erndte bezahlt hatte. „„Hm!““ sagte der Engländer, „„das geht wohl nicht. Bedenkt, bis ich Euer schweres Getreide, das mir den ganzen Raum meines Dampfers einnimmt, nach London gebracht habe, ist zwei Drittel seines Werthes im Rauch der verbrannten Steinkohle aufgegangen; meine Leute wollen nebstbei ernährt und gekleidet sein und ich kann doch auch das Geschäft nicht um Eurer schönen Augen willen machen, so gut ihr mir sonst gefallt . . . Ihr habt so was von einem strammen Freihändler, wie ich sie liebe, mein guter Freund; aber das Geschäft, Ihr werdet wohl selbst einsehen ...““ Der freihandelnde Landwirth sah wohl selbst ein; er biß sich in den Finger, allein da war nichts zu machen. „Ja, wie könnt Ihr denn Eure verdammten Gewebe so billig geben, wenn die Kohlen und Eure Leute und Ihr selbst soviel davon auf Fracht verzehrt?“ — „„Das will ich Euch sagen, mein lieber Freund““, erwiederte der rechenfertige Britte, „„von meiner Waare ist das Pfund soviel werth, wie von Eurem Getreide der Viertelzentner. Die Tonne Fracht von England hierher oder zurück, kommt mir aber gleich hoch, ob ich Brüsseler Spitzen oder Roßkastanien für Hirschfutter geladen habe. So kann ich Euch meine Waare mit einem Zuschlage von nur 5 bis 8 Procent auf den englischen Fabricationspreis geben und mache immer noch meinen hübschen kleinen Nutzen daran; ihr aber erspart dabei 20 Procent an Preis und Güte gegen die schlechten Lappen Eures Bruders"". „Nun und mein Getreide zu welchem Preise wollt Ihr es schließlich nehmen?" „„Wenn ich die Umständlichkeiten in Betracht ziehe, welche mir der Verkauf auf einem englischen Markte bereitet, die Spesen, welche darauf liegen, die Gefahren, welche ich laufe, und den Profit den ich dabei haben muß — — — alles in Allem 25 Procent von Eurer ersten Forderung"". Robinson der Jüngste war ein schlechter Rechner, aber das war ihm denn doch zu arg; für einen Werth von 100 Gulden nur 25 Gulden zu bekommen, um dann mit diesen 25 Gulden das kaufen zu können, was zu Hause 30 Gulden gekostet hätte .... die Zornesader schwoll ihm: „Scheert Euch zum Teufel mit Euern verdammten, billigen Fetzen und sucht Euch unter den Wilden, die das Einmaleins nicht kennen, die Narren, welche auf Euern Köder anbeißen".

Der Engländer hielt noch eine lange schöne Rede über die, den ganzen Erdkreis umfassende Philanthropie Manchesters, über die unbesiegbare Macht der Idee des free trade, über die Verblendung aller derjenigen, welche die alleinseeligmachende Lehre noch zurückweisen. — — — Robinson, der Landwirth, hatte ihm längst den Rücken gekehrt und war dem Wohnsitze Robinsons, des Webers, zugeschritten, so daß der Redner endlich um sich blickend mit seinen verzückten Gesticulationen inne hielt, ein resignirtes „never mind" sagte, seinen Kram einpackte und um eine Insel weiter fortdampfte.

Robinson der Jüngste war inzwischen bei der Hütte seines Bruders angelangt; recht kleinlaut und betrübt pochte er an die Thüre, trat ein und sah sich verlegen um: „Bruder, kann ich wieder bei Dir meine Kleider und Schuhe kaufen"? Erstaunt blickte dieser, dem es inzwischen hart genug gegangen war, auf; er glaubte, der Jüngste wolle ihn in seiner Noth zum Besten halten und antwortete nicht. „Bruder, Geld habe ich kein's, das hat mir der fromme Britte schon voriges Jahr abgenommen; hätte ich das Geschäft diesmal wiederholt, so müßte ich zu Dir betteln kommen; aber kaufe mir erst mein Getreide ab, ich lass' Dir's billig, dann will ich Dir so viel Kleider abkaufen, als meine schlechten Umstände gestatten". Der ältere Bruder glaubte zu träumen; ein schlechter Rechenmeister war auch er, darum hatte er die Dinge nicht so kommen gesehen; jetzt aber zeigte ihm die niedergeschlagene Miene des Jüngsten, daß es diesem mit seinen Worten bitterer Ernst sei. Sie verglichen sich bald über Waare und Preis, schüttelten sich froh die Hände, und nahmen sich vor, durch Fleiß und Sparsamkeit die Störungen und Einbußen des letzten Jahres wieder hereinzubringen, und jedem Engländer höflich aber bestimmt die Thüre zu weisen, der mit ähnlich gearteten Handelsvorschlägen an sie herantreten würde.

Sie hielten Wort und ihr gutes Einvernehmen wurde nicht mehr gestört.

Vierzig Jahre später wandelten beide, die Stammväter zahlreicher Familien als hochbetagte Greise am Ufer auf und ab, alter Zeiten gedenkend. „Unsere Enkel werden wackere Männer" sprach der jüngere Bruder, „aber ihre Zukunft macht mir Sorge". „„Was fällt Dir ein"", erwiederte der Aeltere, „„haben wir ihnen nicht die Wege geebnet; kann nicht der eine die Wolle scheeren, der zweite sie spinnen, der dritte sie verweben, der vierte Kleider daraus machen, während andere das Korn ernten und den Wein keltern. Wir mußten zu Zweien alles das verrichten, und als Du gar noch dem Engländer in's Garn gingst, da war ich ganz auf mich angewiesen ...""
„Sprechen wir nicht weiter davon; nur lasse mich eine Lehre aus der Vergangenheit ziehen. Ich konnte es damals bald merken, daß ich mir bei jenem freien Handel einen Gewinn in die Tasche gelogen hatte, dem ein weit größerer Verlust gegenüberstand. Wir beide aber gehen dem Grabe zu, unsere Enkel und Urenkel werden immer zahlreicher und so wird ihnen, wenn ein ähnliches Anbot von Fremden an sie herantritt, die Auffindung des Pferdefußes in der Rechnung immer schwerer und schwerer werden. Sie haben sich zwar in der Herstellung ihrer Producte gegen unsere Zeit wesentlich vervollkommnet,

aber die Engländer sind gewiß auch nicht stehen geblieben; so werden unsere Enkel oder Enkelsenkel den Fremden früher oder später zum Opfer fallen." „„Warum sollten sie ihren wahren Vortheil länger verkennen als Du ihn verkannt hast? Sehen hundert Augen weniger als vier?"" „Das nicht; aber der Zusammenhang von Ursache und Wirkung entzieht sich umsomehr dem Auge, jemehr das Individuum in der Gesellschaft verschwindet; der Einkaufsvortheil des Einzelnen wird nicht mehr in vollem Umfange sein eigener Verkaufsnachtheil, sondern dieser letztere vertheilt sich auf die ganze Gesellschaft. Denke Dir, der Urenkel jenes Engländers käme nach fünfzig Jahren hierher, und würde einem unserer Urenkel, welcher Ackerbau treibt, seine billigen Manufacte anbieten. Unser Urenkel müßte sich sagen: „Das Bischen Waare welches ich kaufe, beträgt kaum den fünfzigsten Theil dessen, was unsere einheimischen Weber erzeugen; es braucht also auch nur ein Fünfzigstel des sonst von unsern Webern consumirten Getreides dafür in's Ausland zu gehen; nur von einem Fünfzigstel der Gesammtmasse gehen drei Viertel für Fracht verloren; das drückt also den Preis meines Getreides nur um $1^1/_2$ Procent, an den englischen Manufacturen erspare ich aber 20 Procent, folglich habe ich $18^1/_2$ Procent gewonnen". Macht dieß aber der erste Urenkel so, so werden ihm der zweite und dritte bald folgen, endlich kann der Letzte nicht zurückbleiben, er muß vom Fremden kaufen, will er nicht ein nutzloses Opfer bringen. Mit jedem einzelnen der fünfzig ackerbauenden Urenkel aber, welcher dem Beispiele des ersten folgt, wird der Preis des Getreides um weitere $1^1/_2$ Procent gedrückt, und mit Schrecken sieht zuletzt dieser Erste, daß er den Anstoß zu einer Bewegung gegeben hat, welche sein Erzeugniß auf dieses selbe Viertel seines Werthes reducirt hat, um welches mir vor vierzig Jahren der Engländer mein Korn abkaufen wollte. Er sieht es oder er sieht es vielleicht auch nicht, oder er versteht den Zusammenhang nicht, sondern wird nur allmählig ärmer; keinenfalls liegt es aber in seiner eigenen Hand das Uebel wieder zu beschwören, zu dem er den Anstoß gegeben hatte".

Beide Brüder dachten hin und her, wie wohl dieß Unheil abgewendet werden könnte. Endlich kam ihnen der Einfall einen allgemeinen Familientag ihrer ganzen großen Nachkommenschaft einzuberufen. Hier sollte festgesetzt werden, daß zum Schutze des Ackerbauers wie des Gewerbsmannes auf fremde Industrieerzeugnisse eine Abgabe gelegt werden solle zur Ausgleichung der Erzeugungsbedingungen der Insel mit jenen der hochentwickelten Industriestaaten Europas . . . . . Ob die Nachkommen diesen Vorschlag angenommen, ob sie dieß Gesetz lange beibehalten haben, oder ob es dem Urenkel des Engländers gelungen ist, die Weisen des Landes zu seiner Lehre zu bekehren, durch klingende Argumente Organe der öffentlichen Meinung zu gewinnen und durch deren Mithülfe dann nicht nur seinen Worten sondern auch seinen Werken allgemeinen Eingang zu verschaffen, darüber schweigt die Geschichte.

Verzeihe lieber Leser, daß wir Dich mit solch einer Kinderfabel belästigen mußten! Aber vielleicht ist es uns durch Zurückführung der Gesellschaft auf ihre einfachste Form, auf das Zusammenwirken von zwei Individuen doch gelungen, die Frage der bedingungsweisen, das heißt der nach Ort, Zeit und Verhältnissen möglichen Berechtigung des Schutzzolles darzulegen und ein kleines Loch in die Allgemeingültigkeit der Lehre unserer Gegner zu reißen; denn das fiel uns ja nie ein, die Andern auf ihrem Territorium zu Anhängern der Anschauungsweise zu machen, welche wir für unsere Verhältnisse zur Richtschnur genommen haben. Der Engländer muß der ganzen Welt gegenüber Freihändler sein, sowie der Franzose, der Deutsche und Schweizer es dem Italiener, dem Spanier, dem Oesterreicher und dem Russen gegenüber sein müssen; der Stärkere ringe nach Herrschaft, — aber man verarge es dem Schwachen nicht, wenn er sich zu vertheidigen, zu schützen sucht.

Unsere kindliche, wir hoffen nicht kindische, Fabel sollte der vorher citirten, im Lapidarstyle gehaltenen theoretischen Verurtheilung des Schutzoll-Principes gegenüber unserer bescheidenen und, wie gesagt, nur bedingungsweise gültigen Definition dieses Principes vorarbeiten:

„Der Schutzzoll ist eine solidarische Garantie für die

Producenten eines bestimmt abgegränzten Territoriums zu wechselseitiger, möglichst hoher Verwerthung der einheimischen Gesammtproduction".

Wir fügen zur Erläuterung dieser Definition noch folgende Sätze hinzu:

„Die Hauptgefahr für die Verwerthung der Gesammtproduction eines gewerblich minder entwickelten und dabei ungeschützten Landes besteht in den, aus der Werthverschiedenheit der gewerblichen und landwirthschaftlichen Handelsartikel hervorgehenden Unterschieden der Quote des auf den Werth dieser Artikel entfallenden Frachtbetrages bei Versendungen in große Entfernung" —

und ferner:

„Das einzige Mittel in Ländern von minderer industrieller Entwicklung es jedem einzelnen Consumenten gewerblicher Artikel zu ermöglichen, durch Verwendung einheimischer Industrieerzeugnisse auch die möglichst hohe Verwerthung der einheimischen landwirthschaftlichen und aller sonstigen Producte und Leistungen zu erzielen, ist die Schaffung einer solidarischen Verpflichtung zur Bevorzugung der Abnahme einheimischer Producte in bestimmten Gränzen, wie sie practisch nur durch den Schutzzoll durchgeführt werden kann."

Wir warnen da nochmals vor der Täuschung, als ob hier immer nur der Industrie gegeben werden könnte, was der landwirthschaftlichen und sonstigen Production entzogen wird, oder selbst, als ob die sonstige Gesammtproduction höchstens denjenigen Betrag durch Schutz der Industrie wieder im Mehrwerth ihrer Producte zurückerhalten könnte, welchen sie als Aufzahlung auf den Werth der fremden Industrieproducte bereits ausgelegt hatte. Solange die Landwirthe, die Aerzte, Beamten, Lehrer, Ingenieure u. s. w. nicht einsehen, daß sie sich selbst, und ganz speciell ihre Tasche schützen, indem sie auf fremde Industrieerzeugnisse sich einen Zoll auferlegen, daß sie ihre Einnahmsquellen durch Untergrabung der industriellen Erzeugungsgrundlagen weit mehr schädigen, als die wenigen

Procente betragen, welche sie durch gesteigerte Einfuhr fremder Industrieartikel ersparen können, solange man an ihren Patriotismus appelliren will, anstatt an ihr Interesse, — solange werden die Industriellen umsonst plaidiren, denn sie sind in der Minderzahl und durch den Patriotismus werden keine volkswirthschaftlichen Fragen gelöst — in der übrigen Welt nicht und in Oesterreich auch nicht.

Es handelt sich vielmehr darum, zu zeigen, daß durch das Anbeißen an den Köder billiger und an Gewicht leichter, fremder Manufactur- und sonstiger Industrieartikel bezüglich der Rückzahlung an den Fremden und der Consumtionsunfähigkeit des einheimischen Industriellen eine Zwangslage vorbereitet wird; daß in den Modalitäten dieser Rückzahlung ein weit größerer Verlust liegt, als der Vortheil des Einkaufs gewesen war; ja daß selbst dieser Vortheil des heimischen Einkäufers zugerechnet zum Vortheile des ausländischen Verkäufers und Producenten jene wirthschaftliche Vergeudung nicht aufzuwiegen im Stande ist, — welche aus der jenem Geschäfte entwachsenden Nothwendigkeit weiter Versendung von schweren und geringwerthigen Bodenproducten entsteht, — daß somit nicht blos der auf nationalem, sondern selbst der auf cosmopolitischem Standpuncte stehende Oeconom in der unbedingten Befürwortung der Freihandelstheorie Unrecht haben kann und Unrecht hat.

Wir haben während dieser Worte den Gedankenflug vom Robinsoneiland im stillen Ocean nach unserm Vaterlande zurückgelegt, und wollen nun sehen, inwiefern auf die Verhältnisse desselben jene Grundsätze anwendbar sind, welche wir eben entwickelt, und denen wir wenigstens eine bedingte Geltung zugesprochen haben.

Ueber den Mehrdruck, welcher auf der österreichischen Production im Vergleiche zu der des Auslandes lastet und daher über unsere industrielle Inferiorität unsern westlichen Nachbarn gegenüber, haben wir uns in dem frühern Abschnitt so ausführlich geäußert, daß wir diese Letztere wohl als gegeben voraussetzen können. Der Schwerpunkt unserer Untersuchung legt sich somit auf unsere geographische Lage.

Je weiter wir in Europa von Westen und Nordwesten nach Osten und Südosten vorrücken, um so mehr kommen wir aus dem Gebiete hochentwickelter und dichtbevölkerter Industrieländer in dasjenige geldarmer, menschenarmer und schlechtcultivirter Ackerbaustaaten.

Von England, dem capitalsreichen Mittelpuncte der Weltindustrie und des Welthandels, ausgehend, gelangen wir in den ersten Gürtel von Staaten mit entwickelter Industrie und von hoher Cultur, und zwar über den Canal nach Süden in das mit dem Ameisenfleiß und der Sparsamkeit eines betriebsamen und intelligenten Volkes trotz aller Zerstörungen und Fehlgriffe immer wieder nach oben strebende Frankreich und die gewerbstüchtige Schweiz; nach Osten durch Belgien, das industrielle Schatzkästlein, in das deutsche Reich, dem die Errichtung des Zollvereins zu einer immer mehr sich entfaltenden gewerblichen Blüthe verholfen hat; im Nordosten nach Schweden, wo menschliche Kraft und Ausdauer der starren winterlichen Natur die schönsten Frühlingsgaben materieller und geistiger Hochcultur abzuringen verstanden hat.

Nach jenem ersten, an den industriellen Mittelpunct sich anschließenden Ländergürtel nimmt die gewerbliche Entwicklung und Bedeutung der nun folgenden Gebiete in rapider Weise ab. Werfen wir auf diesen zweiten Ring auch noch einen Blick, wieder von Südwesten im Bogen nach Nordosten vorgehend: Wir gelangen da von Portugal, welches englische Habgier und englische Handelsschlauheit durch lange Jahre bis auf's Mark ausgesogen haben, nach Spanien, das, nachdem es im Laufe des Mittelalters sich an die Spitze der Civilisation aufzuschwingen verstanden hatte, nun durch die letzten Jahrhunderte an Land und Leuten derartig geschädigt und geschändet wurde, daß es aus seiner materiellen Entkräftung und den unaufhörlichen, krampfhaften Zuckungen einer halt- und disciplinlosen Bewohnerschaft sich nicht herauszureißen vermochte und erst in letzter Zeit wieder einige Bemühungen gewerblicher Regeneration macht.

Nach Osten weiter über das tyrrhenische Meer kommen wir nach Italien, in neuester Zeit dem Boden erbitterter Kämpfe zwischen den Verfechtern einer sittlich unwürdigen und wirthschaftlich ohnmächtigen Vergangenheit und den Kämpfern für die hochfliegenden Ideen einer schöneren Zukunft, welche mit jugendlicher Begeisterung ins Werk gesetzt noch die Probe ihrer dauernden Lebensfähigkeit abzulegen haben. Während in Deutschland das Streben nach wirthschaftlicher Emancipation der politischen Wiedergeburt vorausging, ist in Italien das Erstere dem Letzteren, zum Schmerz der Freihändler, die dort eine unbestrittene Domaine zu haben meinten, rasch nachgefolgt. Auch dieses Land fügt sich in den zweiten Ring, denjenigen der Länder alter aber gesunkener Cultur und wirthschaftlicher Machtlosigkeit, vollkommen ein, wenn sein Fall auch kein so tiefer gewesen sein mag, als derjenige von Spanien oder Portugal.

Das nächste in der Reihe ist unser Oesterreich, ebenfalls ein Land mühseligen, harten Kampfes mit den Folgeübeln vergangener Erschütterungen und begangener Sünden. Durch ein paar Jahrhunderte haben wir und noch mehr unsere östliche Vorhut, die Ungarn, das Bollwerk abgeben müssen, um das Anstürmen der türkischen Barbarei gegen das westliche Europa aufzufangen und abzuwehren. Auch dieß hat, neben der katholischen Reaction, ohne Zweifel dazu beigetragen unsere materielle Entwicklung aufzuhalten; aber jene Letztere hat uns bei Europa noch um den Dank für unsere Verdienste in ersterer Hinsicht gebracht. Nicht so tiefgehend waren bei uns die Veränderungen wie in Spanien, nicht so bleiern unser langer Cultur-Schlaf wie in Italien, — aber über eine gewisse behäbige Mittelmäßigkeit in der Civilisation sind wir seit vielen Generationen nicht hinausgekommen, und während im westlichen Europa aus den Verwüstungen der Religionskriege sowohl geistig als materiell rings ein neues Leben sproßte, blieb mit Ausnahme der theresianisch-josephinischen Epoche ein dumpfer geistiger Druck auf uns lasten, welcher auch unsere ökonomische Entwicklung niederhielt; daß aber bei allgemeinem Vorwärtsschreiten der Genossen der eigene Stillstand einen empfindlichen Rückschritt bedeutet, ist eine alte Geschichte. Die schärfste Gränze zwischen relativ hoher und niedriger Cultur geht aber von Norden nach Süden durch die Mitte unserer Monarchie längs der Leitha, den kleinen Karpathen und dem Flüßchen Biala an der schlesisch-galizischen Kronlandsgränze.

Während der zweite Ländergürtel, den wir eben geschildert haben, zwischen Preußen und Polen sehr schmal wird und endlich in den russischen Ostseeprovinzen sein Ende erreicht, fallen Dalmatien, der ungarische Staat und Galizien schon in den dritten Gürtel, welcher von der Türkei und Griechenland ausgehend über unsere eben genannten Reichstheile hinweg sich in der Hauptmasse des russischen Gebietes gegen Norden ebenso ausbreitet als der vorige sich verengt hatte. Westösterreich kann noch immer als schwaches Mittelding zwischen Industriestaat und Agriculturstaat gelten; es ist immer noch der immensen Majorität seiner Bevölkerung nach ein gründlich civilisirtes Land, — aber jenseits der von uns bezeichneten Gränze ist das Gewerbe so dünn gesät wie die Bildung und diejenigen Güter, welche nicht unmittelbar und alljährlich durch der Hände Arbeit dem Boden abgerungen werden, zählen wenig bei der Ernährung und Bereicherung des Volkes.

Dieser letzte Gürtel ist der längste und bei weitem der ausgedehnteste von Allen, und unsere östliche Reichshälfte liegt in demselben mitten eingebettet, nur an einer einzigen Stelle durch einen schmalen Gebietstheil bei Fiume das Meer erreichend, sonst aber von demjenigen Becken desselben, nach welchem seine große Wasserader zieht, vom schwarzen Meere nämlich, durch weite Agriculturgebiete anderer Länder getrennt.

Greifen wir also nochmals unsere Monarchie aus der Masse der eben besprochenen europäischen Länder heraus, so finden wir in ihr den raschen Uebergang aus dem industriereichen und hochcivilisirten Nordwesten unseres Erdtheils in den blos ackerbautreibenden, culturarmen Südosten. Wir finden ferner, daß der Handelsverkehr unserer östlichen, an Bodenproducten reichen, an Gewerbserzeugnissen armen Reichshälfte mit dem industriellen Centrum Europas nur zwei Wege hat: den längeren aber relativ billigeren Weg durch die Donau oder durch das Fiumaner Gebiet an's Meer und von da weiter zu Schiff nach England, Belgien u. s. w., — oder direct zu Lande durch die westliche Reichshälfte oder durch das preußische Gebiet. Während also die Producte Ungarns im Osten vor Erreichung der billigen Seestraße erst die Länder seiner günstiger situirten Nachbarn durchwandern müssen und im Südosten nur den einen, wenig bequemen Ausgang in die Adria haben, legen sich vor die österreichische Reichshälfte eine Anzahl von industriellen Ländercomplexen, deren Bedeutung schrittweise mit ihrer Entfernung von Ungarn zunimmt.

Bei einem ausschließlich, oder nahezu ausschließlich ackerbautreibenden Volke, welches noch außerdem auf niedriger Bildungsstufe steht, sind natürlicherweise die Hauptartikel des Consums, welche nicht durch die Production des Landes gedeckt werden, die Bekleidungsstoffe, und der Import dieser Artikel kann doch der Hauptsache nach mit nichts Anderem bezahlt werden, als mit dem Ueberschusse seiner Bodenerzeugnisse über den einheimischen Verbrauch. Die große Frage ist nun, in welchem Verhältnisse die Gesammtmenge der erhaltenen Bekleidungsstoffe zur Gesammtmenge der dafür gegebenen Landwirthschaftsproducte steht und ob in dieser Beziehung bei einem oder dem andern handelspolitischen System sich nicht eine schadenbringende Zwangslage herausstellt, wenn man die ganze Zwischenabrechnung des Geldes oder der Geldzeichen aus dem Spiele läßt, welche der Importeur an den ausländischen Erzeuger von Manufacten bezahlt, welche andererseits der inländische Consument für seinen Bedarf an diesen Manufacten auslegt, welche weiter der inländische Landwirth für gelieferte Bodenfrüchte vom inländischen Getreidehändler und dieser wieder von seinem ausländischen Committenten erhält.

Diese große Frage, welche ebenfalls für die Landwirthschaft unserer westlichen Reichshälfte von einschneidendem Interesse ist, muß in seiner ganzen Schärfe und Bestimmtheit für das ungarische Staatsgebiet gestellt werden, denn hier ist von Textilindustrie, mit Ausnahme einer ziemlich primitiven Hausweberei des Bauernstandes, überhaupt keine Rede. — Die Landwirthschaft ist somit heute noch die unumschränkt maßgebende Erwerbsquelle des Volkes; alle andern Stände gruppiren sich dort um den Landwirth als ihren Ernährer, Arbeitgeber und Herrn, und ganz speciell vom Standpuncte des Landwirths muß daselbst die ökonomische Frage gelöst werden.

Das Gebiet der ungarischen Krone ist heute mit $15^1/_2$ Millionen Menschen bevölkert. Wie stark der jährliche Consum dieser Bevölkerung in Bekleidungserfordernissen ist, und welche Quote dabei speciell auf Gewebe aller Art entfällt, darüber fehlen leider alle statistischen Anhaltspunkte. Wir wollen nun beispielsweise den Fall der Einführung des absoluten Freihandelssystems in Ungarn setzen. Nehmen wir dabei den Werth der möglicherweise aus dem Auslande beziehbaren Webwaaren auch nur mit jährlich 16 Gulden auf den Kopf an,*) und runden wir der Einfachheit halber die Bevölkerungsziffern auf 15 Millionen ab, so ergibt sich uns schon der große Betrag von 240 Millionen Gulden.

Wenn wir nun in unserer Voraussetzung eines ausschließlichen Bezugs der Webwaaren aus dem Auslande für den ungarischen Consum weitergehen, so ist es klar, daß die obige Summe von 240 Millionen Gulden (oder eine höhere oder geringere Summe, aber jedenfalls diejenige, welche dem Kaufwerthe der fremden Textilwaaren nach Ungarn gelegt, entspricht) in baarem Gelde oder geldwerthiger Abrechnung an das Ausland bezahlt werden muß; daß ferner der ungarische Webwaarenconsument, und dies ist doch wohl jeder Ungar, sich das Zahlmittel zur Bestreitung seines Kleidungsstoffbedarfes durch den Erlös aus seiner Production schaffen

---

*) Der einzige Anhaltspunct, welchen wir für obige, nur beispielsweise Aufstellung in Ermanglung einer Consumtionsstatistik für Textilstoffe erhalten konnten, ist der Verbrauch von Geweben in der kk. Armee. Derselbe ergab

1,092 m. Ellen Tuch,
2,193 m. „ Leinwand,
3,263 m. „ Callicot,
520 m. „ Zwilch,

7,068 m. Ellen Webwaaren im Gesammtbetrage v. Oe.-W. fl. 5,312,000

bei einer Friedenspräsenzstärke von 233,000 Mann. Dieß würde auf den Mann genau ein Consum an Webwaaren von 22,8 Gulden ergeben. Stellt man nun einander gegenüber einerseits die bessere Qualität der militärischen Monturen gegen die Alltagskleidung der großen Masse der Bevölkerung in Ungarn, andererseits die geringere Arbeits-Abnützung und größere Pflege jener gegen diese, endlich einerseits den Luxus im Sonntagsstaat bei der Bauernbevölkerung, andererseits die Herabminderung an Kleidungsbedarf pr. Kopf, welche auf die Kategorien der Weiber, Kinder und Greise entfällt, — so wird es einleuchten, daß die, wir wiederholen es, beispielsweise Annahme eines Webwaarenconsums von 16 Gulden auf den Kopf, doch immerhin ein mögliches Bild zu bieten im Stande ist, und eben so leicht zu tief als zu hoch gegriffen sein kann.

muß, und daß, nachdem dort der Handwerksmann, der Beamte, der Arzt u. s. w. ganz speciell für die weitere Befriedigung des localen Bedarfes des ungarischen Ackerbauers arbeiten, in letzter Linie der Gesammtconsum fremder Textilwaaren nur mit ungarischen Landwirthschaftsproducten bezahlt werden kann. Eben so sicher ist aber unter diesen Voraussetzungen, daß die westliche Reichshälfte der österreichische Staat, welcher, ökonomisch von Ungarn getrennt, nicht in der Lage ist, die freie Concurrenz der westeuropäischen Industriestaaten auf dem ungarischen Markte auszuhalten, andererseits aber noch weniger mit seinen Gewerbserzeugnissen nach andern Ländern exportiren kann, dann nur die Wahl hätte, entweder im eigenen Gebiet eine bescheidene Industrie für den Bedarf der heimischen Landwirthschaft arbeiten zu lassen, oder nach Wunsch unserer Professoren dem hier beispielsweise vorausgesetzten Vorgange der Ungarn zu folgen, ebenfalls die Zollschranken fallen und seine Industrie über die Klinge springen zu lassen und ebenfalls ein reiner Agriculturstaat, aber mit durchschnittlich weit ungünstigern Bodenbedingungen und mit der Zugabe eines riesigen Proletariats aus der bisherigen, nun überzählig gewordenen Industriebevölkerung zu werden. In dem einen wie in dem andern Falle kann natürlich Oesterreich der Consument dieser ungarischen zu exportirenden Getreidemasse, welche einen Geldwerth von 240 Millionen Gulden für jedes Jahr repräsentirt, nicht sein.

Die übrigen unmittelbaren Nachbarn Ungarns auch nicht. Im Süden haben wir die Türkei mit den Fürstenthümern, im Osten und Nordosten Rußland. Die Türkei ist ein armes ausgesogenes Land, dessen dünne Bevölkerung in Ermanglung eigener Industrie seinen Bedarf an Gewerbsproducten mit oder ohne Zoll aus dem Auslande beziehen muß, und mit nichts Anderem zahlen kann, als mit seinen Bodenproducten; das daran angränzende Griechenland ebenso. Die rumänischen Fürstenthümer sind bei sonst niedriger Cultur reich an Getreide und legen sich zwischen Ungarn und das schwarze Meer, haben also zum Export selbst eine günstigere Lage als dieses letztere Land. Rußland, welches seit dem Krimkriege in materieller und socialer Beziehung tiefgehende Reformen ein- und durchgeführt hat, klimmt mit Hülfe ausgiebigen Schutzes die Leiter industrieller Entwicklung rasch hinan; es scheint sich bei seinen hohen Zöllen ganz wohl zu befinden, und ist, begünstigt durch seine ausgedehnten Küsten im Süden und Nordwesten, selbst in der Lage, Getreide in großer Menge zu exportiren. Es bleibt also für den ungarischen Getreideexport nur das westliche Europa entweder auf dem Wege zu Lande durch das ganze österreichische Gebiet oder zu Wasser durch die Donau ins schwarze, oder endlich über Fiume durch das adriatische Meer. Der Seeweg muß wohl seine großen Hindernisse haben, weil man in den Jahren, in welchen Ungarn wirklich einen Ueberschuß von Getreide an's Ausland abgab, von einem bedeutenden Seeschifffahrtsverkehr in diesen Richtungen wenig gehört hat. Ein solches ausschlaggebendes Hinderniß mag der Mangel an Rückfracht für die Schiffe sein, welche ungarisches Getreide nach England verladen sollen. Auch wird speciell der englische Markt, seit der großartigen Organisation des Geschäfts in amerikanischer Körnerfrucht, für die Besitzer osteuropäischer Provenienzen immer gedrückter und weniger lohnend.

Der nächste Nachbar im Westen Oesterreichs, Baiern, wird gewiß höchstens in Jahren localer Mißerndte auf ungarische Waare greifen können — so sehen wir den möglichen Markt für unsern, oder besser unserer Nachbarn, Export sich immer verkleinern und es bleibt als regelmäßiger Abnehmer für continentale Kornausfuhr nur die kleine Schweiz, welche bis jetzt für gewöhnlich von Frankreich her den Ausfall ihrer landwirthschaftlichen Production gegenüber dem Consum seiner gewerbreichen Bevölkerung gedeckt hat. — Freilich, wenn man verkaufen muß, so findet man zuletzt einen Käufer; es frägt sich nur zu welchen Preisen, — und so spricht auch alle Wahrscheinlichkeit dafür, daß dasjenige Land, welches die industriellen Producte liefert, noch durch sein relatives Ueberwiegen der gewerblichen Bevölkerung über die landwirthschaftliche am ehesten in der Lage sein wird, den Gegenwerth der verkauften Textilwaaren in Cerealien aufzunehmen. Bei der hier vorausgesetzten Lösung des wirthschaftlichen Bundes zwischen Oesterreich und Ungarn und der daraus folgenden Unfähigkeit des Ersteren, den Getreideüberschuß des Letzteren aufzunehmen, würde dieses sein Exportquantum so gut es geht auf die Schweiz, die industrielle Westgränze Deutschlands, Elsaß und die Rheinprovinz, ferner Frankreich, Belgien und Großbritannien, endlich von Fall zu Fall auf diejenigen andern Länder vertheilen müssen in welchen eben eine relative Mißerndte stärkere Nachfrage geschaffen hat.

Es wird hier nothwendig sein, das Verhältniß der Preise des Getreides zu den Frachtsätzen desselben Artikels nach den hier in Frage kommenden Verkehrszielen einer genauen Vergleichung zu unterziehen, um die Quote der zu verfrachtenden Artikel abschätzen zu können, welche von der Fracht in dem einen und in dem andern Falle aufgezehrt wird. Denn darüber darf sich der Besitzer einer Waare keiner Täuschung hingeben, daß diese Letztere ihren Fahrpreis mit einem Stücke ihres eigenen Körpers bezahlen muß. — Es fällt uns bei diesen Reflexionen immer die lustige Geschichte von jenen javanischen Lastträgern ein, welche einen eben zu Schiffe angekommenen centnerschweren Eiswürfel, säuberlich in Matten eingepackt vom Hafen durch die glühende Tropensonne nach dem meilenweit entfernten Landhause des Gouverneurs zu tragen hatten; wie nach kurzer Zeit nicht nur die braunen Dienstmänner, sondern zu deren Befremden auch der verhüllte Kristallblock mehr und mehr zu schwitzen anfing; wie ihr Befremden sich in Besorgniß verwandelte, als sie sahen, daß, während sie selbst doch trotz alles Schwitzens so groß blieben als sie immer waren, ihr gleichfalls schwitzender durchsichtiger Passagier kleiner zu werden anfing; wie ihre Besorgniß sich zum panischen Schrecken steigerte, als trotz aller Versuche, die verderbenbringende Transspiration zu stillen, aus dem Kloß ein Klötzchen und aus dem Klötzchen ein Stückchen wurde; wie sie endlich nach athemlosem Rennen angstgepeitscht und staubbedeckt auf dem Landsitze des Gouverneurs anlangten, eben als ihr Frachtstück mit dem letzten Schweißtropfen sein letztes Bischen Existenz hergegeben hatte — — ganz so arg ist es nun hier wohl nicht; doch ist sich der Getreideexporteur oft kaum bewußt, daß Körnchen für Körnchen aus seinen wohlverschlossenen Wagenladungen durch geheimnißvolle Spalten den Weg herausfindet, theilweise in den Feuerraum der Locomotive wandert, theilweise der Bahnstrecke kostbares Beschotterungsmaterial zuführt und sogar in die Couponsbogen der Eisenbahnactionäre dringt, um daselbst den bunten Papierschnitzeln die Kraft zu verleihen, sich in gewichtige Silberstücke zu verwandeln; daß jedenfalls der übrigbleibende Werth des verfrachteten Getreidequantums mit jeder Verlängerung des Weges kleiner und kleiner wird bis zur Gränze, wo das Frachtstück von den Frachtkosten aufgefressen ist.

Andererseits freilich kann die Ortsveränderung dem Gegenstande noch mehr an Werth zusetzen, als die Fracht ihm genommen, und sie muß ihm mehr nützen, wenn die Versendung wirthschaftlich zu rechtfertigen sein soll; ein Scheffel Weizen in einer einsamen Banater Bauernscheune und ein Scheffel Weizen in den Vorrathskammern eines westeuropäischen Industrialortes sind zwei verschiedene Dinge. Aber unwirthschaftlich in hohem Grade muß es erscheinen, wenn durch irgend welche Maßnahmen die Consumtionsfähigkeit eines Gegenstandes in naher Nachbarschaft, damit die Nachfrage nach demselben, und mit der Nachfrage sein Werth daselbst derartig gedrückt werden, daß dieser Gegenstand nun unverhältnißmäßig große Wege zurücklegen und unverhältnißmäßig große Transportkosten tragen muß, um überhaupt an den Ort der Consumtion zu gelangen.

Zur Beurtheilung des Werthes der Cerealien, um auf unsere Vergleichung zurückzukommen, wird es am besten sein, den durch seine Masse wie durch seine Vorzüglichkeit maßgebendsten Artikel, Weizen, herauszugreifen, denn was für ihn gilt, gilt in mindestens eben so hohem Grade für die andern Gattungen von Feldfrüchten; ja in vielen Fällen wird Weizen noch recht gut versendbar erscheinen, wo eine große Menge geringwerthigerer Landwirthschaftsproducte ihre Fracht nicht mehr zu bezahlen im Stande sind.

Die Weizenpreise*) also stellten sich in Oesterreich-Ungarn per n. ö. Metzen in fl. Oe.-W. Silber wie folgt:

---

*) Diese Zusammenstellung ist der Schrift des Dr. F. X. Neumann „Die Ernten und der Wohlstand in Oesterreich-Ungarn" entnommen, welcher die dießbezüglichen Daten den Arbeiten von M. Leinkauf, Dr. Schebeck, und der Pester Handelskammer verdankt.

	Weizenpreise			Differenz gegen Pest	
	Pest	Wien	Prag	Wien	Prag
1862	3,62	3,90	4,59	28	97
1863	4,19	4,17	4,29	02	10
1864	3,71	3,96	3,83	25	12
1865	2,77	3,16	3,74	39	97
1866	3,76	4,17	4,46	41	70
1867	4,95	5,04	5,66	09	71
1868	4,43	5,22	5,94	79	1,51
1869	3,51	4,13	4,44	62	93
1870	4,09	4,67	4,80	58	71
1871	4,86	5,48	5,38	60	52
1862—1871	3,99	4,39	4,71	40	72

Allerdings sind in den letzten Jahren, 1872—1874, die Getreidepreise ganz abnorm hohe gewesen; wir haben sie hier nicht mit einbezogen, erstens weil uns zur weitern Vergleichung aus diesen letzten Jahren theilweise die statistischen Daten fehlen, dann aber auch, weil die Combination von zwei Mißerndten mit der Schwindelepoche von 1872—1873, in welcher fast alle Löhne hinaufgeschraubt wurden, und daher die Nachfrage nach Lebensmitteln außerordentlich wuchs, als etwas abnormes angesehen werden darf und daher besser aus der Vergleichung wegbleibt.

Wir sehen aus dieser Tabelle den außerordentlich innigen Zusammenhang der Preise der hauptsächlichsten österreichisch-ungarischen Plätze; wir sehen daraus, daß die Platzpreise in Wien durchschnittlich um mehr als den Frachtbetrag (dieser ist circa 29 Xr. Silber) theurer sind als diejenigen in Pest: daß auch die größere Entfernung Prags von Pest sich in einer bedeutenderen Erhöhung des Preises ausspricht, der jedoch in seinem Durchschnitte (72 Xr. Silber), eben wegen der größeren Entfernung und daher auch der größeren Selbstständigkeit des Marktes, der Eisenbahnfracht (circa 81 Xr. Silber) nicht mehr gleichkommt.

Je mehr nun diese Entfernung wächst, um so mehr muß naturgemäßer Weise der Einfluß der localen Production am Consumtionsplatze, sowie die Versorgung von andern Gegenden den directen Zusammenhang der Preise des einen Productionslandes, von welchem wir sprechen, mit denen des betreffenden Consumtionsplatzes stören;

das Verhältniß der Steigerung des Verkaufspreises wird dann im Durchschnitt der Conjuncturen zu der Steigerung der Frachten in einem immer ungünstigeren Verhältnisse stehen, bis schließlich die Annäherung an, jenseits des Consumtionsplatzes gelegene neue Productionsgebiete sogar eine Erniedrigung der dießbezüglichen Platzpreise bewirkt, während natürlich die Fracht von unserm Ausgangspuncte noch immer mit der Entfernung steigt.

Wir erinnern wieder daran, daß das Beispiel, welches wir hier ausführen, die Einführung eines vollkommen selbstständigen Freihandelssystems in Ungarn zum Gegenstande hat.

Aber auch jetzt schon, wo wir in Oesterreich-Ungarn nur einen bestimmten Bruchtheil unserer Gesammtconsumtion an Gewerbserzeugnissen mit unsern Bodenproducten bezahlen müssen, wenn wir sie nicht in Ewigkeit schuldig bleiben wollen, ist der Getreidepreis in unserm Lande wesentlich niedriger als im industriellen Westen Europas. Es kann dieß auch gar nicht anders sein, denn sonst wäre eben ein Export von hier dorthin unmöglich. Die absolute Nothwendigkeit des Verkaufs nach Außen drückt unsere Preise so lange, bis sie, wenigstens in bestimmten und wiederkehrenden Geschäftsconjuncturen, um den ganzen Frachtbetrag mehr den Kosten und Gewinnstansprüchen des Exporteurs niedriger stehen, als auf dem relativ günstigsten Markte des Auslandes.

Greifen wir nun wieder auf unsere Voraussetzung der Nothwendigkeit eines Exports von 240 Millionen Gulden für ungarische Bodenproducte (Getreide, Mehl, Gartengewächse, Oel- und Kleesaat, Wein und namentlich Holz) zurück und sehen wir, welchen Betrag die Transportsteuer auf das den obigen Betrag repräsentirende Quantum ausmacht und wie sie sich etwa zu der Prämie verhält, welche das Land an den inländischen Industriellen zahlen müßte, um diesem die Abnahme jenes Quantums von Bodenproducten zu ermöglichen.

Die frühere Zusammenstellung der Weizenpreise hat uns gezeigt, daß diese Getreidegattung in Pest im Durchschnitte der Jahre 1862—1871 ziemlich genau 4 Gulden pr. Metzen im Gewicht eines Zollcentners gekostet hat. Berücksichtigen wir nun, daß der Werth der übrigen Getreidegattungen auf dieselbe Gewichtsbasis reducirt um nahezu ein Viertel kleiner ist; daß Mehl, wahrscheinlich aus den verschiedensten Ursachen der Verkehrspraxis, doch immer nur einen gewissen mäßigen Bruchtheil des Gesammtexports bildet; daß der gerühmte ungarische Weinexport zusammt dem österreichischen in keinem der letztverflossenen 9 Jahre den Werth von 3,100000 Gulden überstieg, während Getreide und Mehl im Jahre 1867 im Werth von 79 Millionen, 1868 von 103 Millionen Gulden ausgeführt wurden; daß endlich der Export von Brenn- und Werkholz jährlich zwischen 20 und 46 Millionen betrug, — so werden wir wohl nicht zu niedrig greifen, wenn wir den durchschnittlichen, annähernden Werth eines Zollcentners ungarischer zum Export kommender Bodenproducte mit 3 1/2 Gulden beispielsweise hier einsetzen.

Es könnte nun die Frage aufgeworfen werden, ob das Exportquantum zuzüglich der Fracht zum inländischen Werthe oder ohne denselben den Betrag von 240 Millionen Gulden darzustellen habe, und nachdem jener Betrag im Auslande zu zahlen ist, sollte dem ersten Eindrucke nach das Erstere der Fall sein. Dem ist jedoch nicht so. Die 240 Millionen hat der ungarische Consument zu zahlen; der ungarische Consument bekommt aber nur 3 1/2 Gulden für seinen Zollcentner Producte; er muß folglich so viel Centnermetzen zum Export verkaufen, als der Werth von 3 1/2 Gulden in 240 Millionen Gulden enthalten ist, also über 68 Millionen Metzen zu 1 Zollcentner Gewicht.

Denn wäre beispielsweise der Werth des Centners Getreide im Auslande, also einschließlich der Fracht von Ungarn dahin, 5 Gulden, so würde schon ein Quantum von 48 Millionen Centner genügen um jene Gesammtschuld von 240 Millionen Gulden zu zahlen. Aber von diesem Betrage käme ja dann 48 Millionen mal 1 1/2 Gulden in Abzug, welche entweder die Absender oder die Empfänger für Fracht an die Eisenbahngesellschaften zu zahlen hätten, und es bliebe sonach nur der ungenügende Betrag von 168 Millionen Gulden zur Bezahlung des importirten Quantums von Bekleidungsstoffen übrig.

Daß dieser beispielsweise gewählte Frachtsatz von 1 1/2 Gulden für den Centner zu exportirender Rohproducte nicht aus der Luft gegriffen ist, wollen wir nun in wenig Worten erweisen.

Wie bekannt, haben die Frachtsätze durch die letzten Jahrzehnte eine zwar langsame aber continuirliche Ermäßigung erfahren. Mit der allmähligen Ausbreitung und Vollendung des Eisenbahnnetzes in Central- und Westeuropa ist auch die technisch-ökonomische Wissenschaft des Transportwesens auf eine derartige Höhe gehoben worden, daß bis zu einer etwaigen künftigen, umwälzenden Erfindung nur an den Details geändert werden dürfte, die materiellen Grundlagen und ökonomischen Hauptverhältnisse der Güterbeförderungen aber als feststehend betrachtet werden können. Gerade in diesen letzten Jahren aber macht sich sowohl in Oesterreich-Ungarn als im deutschen Reiche eine entschiedene Reaction gegen die bisherige Herabdrückung der Frachtsätze geltend. Der blinde Eifer einer theilweise sinnlosen Concurrenz auf der einen Seite, die Ueberschätzung des Transportbedürfnisses durch den verführerischen Hinblick auf die letzten Jahre schwindelhafter Ueberproduction auf der andern, haben vielen großen Transportunternehmungen schwere Wunden geschlagen, und zwingen die Gesammtheit derselben wirthschaftliche Veranstaltungen und Vereinbarungen zu treffen, um Anlageverzinsung und Betriebskosten mit den Eingängen für Personen- und Güterbeförderung in ein günstigeres Verhältniß zu setzen. Auch die Regierungen in Oesterreich und Ungarn, welche durch Uebernahme riesiger Zinsengarantie-Verpflichtungen an dem materiellen Gedeihen der meisten Eisenbahnunternehmungen ein hohes Interesse haben, sind gezwungen, diese Tendenz, so lange sie in den Gränzen der Billigkeit bleibt, zu unterstützen.

Wenn wir somit die heute gültigen directen Frachtsätze für Getreide bei unserer Vergleichung in Anwendung bringen, so werden wir darin eher zu tief, also ebenfalls zu ungünstig in unserm Sinne, als zu hoch gegriffen haben.

Nach dem Herzen Süddeutschlands, oder nach der großen norddeutschen Tiefebene werden die Ungarn wohl keine nennenswerthen Mengen von Getreide und dgl. exportiren wollen; sondern es bleibt ihnen da, wie gesagt, als regelmäßiger Consument nur die Schweiz, etwa der westlichste industriereiche Streifen Deutschlands, und Großbritannien.

Die directe Getreidefracht beträgt:

von Pest nach Basel	Fcs. 3.63 Cnt.	= Fl. 1.45 Kr. in Gold . .	heute Fl.	1.52 Silber
„ „ „ Hamburg	24 Sgr.	= Fl. 1.50 Kr. in Gold . .	„ Fl.	1.57 Silber
„ Hamb. „ England	5—7 „			
„ Pest „ Wien	32 Kr. Banknoten		„ Fl.	—.30 Silber

Die 68 Millionen Centner ungarischer Bodenproducte, welche nach unserm Beispiele dem Werthe der zu zahlenden 240 Millionen Gulden entsprechen sollen, würden demnoch eine Gesammtfrachtsumme von

$$68{,}000{,}000 \times 1^1/_2 \text{ Gulden} = 102{,}000{,}000 \text{ Gulden Silber}$$

zu ihrer Ausfuhr erfordern.

Nun kommt es auf ein ähnliches Resultat heraus, ob wir annehmen, durch den gezwungenen Massenexport ungarischer Bodenproducte nach dem Rheinthale und nach England würde dort der Getreidepreis wesentlich gedrückt, was wieder auf die ungarischen Platzpreise zurückfiele, — oder ob wir annehmen, durch die Steigerung des Bedarfs in Oesterreich würde hier der Getreidepreis gehoben, was ebenso wieder den ungarischen Märkten zu Gute, wie der erstere Fall ihm zu Schaden käme. Die obere Voraussetzung ist sogar die richtigere und die für uns vortheilhaftere, denn bei einer Erniedrigung des Preises in arithmetischem Verhältnisse wächst die Gütermasse, welche nöthig ist einen bestimmten Geldbetrag darzustellen in geometrischem Verhältnisse. Wir wollen aber der einfachen Rechnung halber den zweiten Fall annehmen, d. h. anstatt zu sagen: bei gezwungenem Totalexport muß der Weizenpreis in Pest von Fl. 4 — auf Fl. $2^1/_2$ fallen; sagen wir: bei gänzlichem Aufhören der Exportnothwendigkeit soll dieser Preis in Pest von 4 auf $5^1/_2$ Gulden steigen, oder der Durchschnittspreis der exportfähigen Bodenproducte überhaupt von Fl. $3^1/_2$ auf Fl. 5.

Nachdem aber die Fracht von Pest nach Wien 30 Kr. Silber beträgt, und dem Export nach Westeuropa nur die Getreideversorgung Oesterreichs aus Ungarn substituirt würde, so müßte die Erhöhung des Preises von Fl. 3.50 auf 350 + 150—30 = Fl. 4.70 angenommen werden

$$240{,}000{,}000 : 4.70 = \text{circa } 51{,}000{,}000.$$

Es wäre somit im Falle der Ersetzung des Exports nach der Schweiz ꝛc. durch den nach Oesterreich anstatt eines Productenquantums von 68 Millionen Centner nur ein solches von 51 Millionen Centner nothwendig und dieses letztere würde eine Summe von

51,000,000 × 30 Kr. = 15 Millionen Gulden

erfordern. Die Ersparniß an Transportsteuer betrüge demnach im zweiten Falle gegen den ersten

102 Millionen
weniger 15 „
87 Millionen Gulden.

Das gleiche Resultat wird man erhalten, wenn man sagt:

im ersten Falle sind zu expediren $68(^1/_2)$ Millionen Centner
„ zweiten „ „ „ „ 51 „ „
folglich werden im zweiten Falle erspart $17(^1/_2)$ Millionen Centner.

$17^1/_2$ Millionen × 5 Fl. = $87^1/_2$ Millionen Gulden.

Hier muß man wohl den Preis von Fl. 5 als denjenigen annehmen, welcher Platz greifen würde, wenn die Ausfuhrsnothwendigkeit selbst nach der östreichischen Reichshälfte gänzlich wegfallen würde. Die Ungenauigkeit im Resultate entspringt natürlich den im Laufe dieser Millionenrechnung vorgenommenen Abkürzungen.

Schätzen wir nun die aus der Ungleichheit der Productionsbedingungen entspringende Vertheuerung österreichisch-ungarischer Industrieproducte gegen diejenigen unserer westlichen Concurrenzstaaten auf 10—15 durchschnittlich $12^1/_2$% vom Werth der Waare, eine Vertheuerung, welche durch einen durchschnittlichen Zoll von 15% ausgeglichen werden könnte, so würde der Gesammtbetrag der Mehrkosten für österreichische Gewerbserzeugnisse

$$\frac{240{,}000{,}000 \times 12^1/_2}{100} = 30 \text{ Millionen Gulden}$$

betragen.

Es steht demnach ein Mehrbetrag der Transportsteuer von
Fl. 87 Millionen
ein Gesammtbetrag der Schutzsteuer entgegen von „ 30 „
die Differenz von . . . . Fl. 57 Millionen
bliebe somit im Falle des Schutzes nach den Voraussetzungen unseres Beispiels dem Lande erspart.

Auch ist gar kein Grund vorhanden, warum die Industrie trotz fortschreitender Bildung der Bevölkerung gerade an der Leitha für alle Zeiten Halt machen sollte. Schon jetzt ist eine sehr bedeutende Anzahl slovakischer Arbeiter aus Ungarn in den zahlreichen, hart an der ungarischen Grenze gelegenen österreichischen Fabriksanlagen beschäftigt. Es kann wohl, wenn die äußeren Bedingungen zur Errichtung von Industrien in Oesterreich-Ungarn günstiger werden, auch das Entstehen derselben in Ungarn nur eine Frage der Zeit sein; und wer kann dagegen seine Augen verschließen, wie sehr mitten im Gebiete der Landwirthschaft errichtete Industrien derselben eine vielseitige, directe und somit erhöhte Verwerthung ihrer Producte bieten müssen.

Ohne Zweifel wird an den beispielsweisen Ziffer-Ansätzen, welche wir hier gemacht haben, viel zu verbessern sein, und vielleicht auch viel gemäkelt werden. Daß aber der ganzen Aufstellung ein entschiedener Denkfehler zu Grunde liege, welcher das Resultat vollkommen umstürzen oder gar in sein Gegentheil verkehren kann, das müssen wir wohl so lange bezweifeln bis es uns bewiesen wird.

Trotzdem dürften unsere Ausführungen, den Schutzzoll nicht als ein ausschließliches Sonderinteresse des Fabricanten, sondern ganz speciell in unsern östreichisch-ungarischen Wirthschaftsverhältnissen als allerwirksamstes Förderungsmittel der Ersparniß und des Wohlstandes der Gesammtbevölkerung in allen Classen hochzuhalten, der großen Menge und unsern leitenden Kreisen so befremdlich erscheinen, — daß wir uns nicht wundern werden, wenn diese Anschauungen mit Hohngelächter aufgenommen, oder in wegwerfender Geringschätzung mit dem Ausspruche abgethan werden sollten: „Es ist das Kennzeichen jedes Narren, daß er die gewöhnlichen, vernünftigen Menschen für närrisch hält".

Vielleicht wird durch diese Schrift doch ein oder der andere selbstständig denkende Mensch, und mancher, der, von einem Sonderinteresse ausgehend, wünscht, daß diese Worte wahr sein möchten, — veranlaßt, den Bleistift in die Hand zu nehmen, um die hier aufgestellten Ziffern zu prüfen und unsere Rechnung nachzurechnen; vielleicht werden dann noch andere Leute auf ähnliche Resultate kommen, diese festhalten und verbreiten; vielleicht wird später in größeren Kreisen die Anschauung Platz greifen, daß hier nicht blos leeres, hundertmal durchgedroschenes Stroh zum hunderteinten Male von einem müßigen Dreschflegel verarbeitet wurde, daß hie und da ein kräftiges, gesundes Körnchen heraussprang, welches werth ist, aufgelesen zu werden; vielleicht wird endlich an maßgebenden Orten dieses Korn besehen, geprüft, gewogen und $17^{1}/_{2}$ Millionen Centner, oder etwas mehr oder weniger schwer befunden werden, aber doch nicht so leicht, um es den Winden preis zu geben — — — — — — — —.

Vielleicht! ist die Hoffnung auch gering, wir wollen uns die Mühe nicht verdrießen, und durch die Gefahr des Spottes nicht erschrecken lassen.

Zwei Punkte müssen wir hier noch erwähnen.

Es könnte uns zuvörderst eingeworfen werden, daß jene so und soviel Millionen an ersparter Fracht keinen Zuwachs zum Nationalvermögen bilden können, da ja nur derjenige Betrag den Landwirthen oder vielmehr der Gesammtheit der Consumenten erspart würde, um welchen die armen Eisenbahngesellschaften dann weniger verdienen. Nun, das wäre wohl kein ernster Einwurf. Jede Verminderung unnützer Bewegung, unnützer Reibung, unnützer Arbeit ist eine wirkliche, in Gulden und Kreuzern zur Geltung kommende Ersparniß; die Eisenbahngesellschaften erhalten den Frachtbetrag gewiß nicht für nichts und wieder nichts, sondern sie haben dagegen eine entsprechende Leistung in Menschenarbeit, Brennmaterialverbrauch, Abnützung der Bahnanlage und des Fahrparks u. s. w. zu entrichten, die dann zu wirklich productiven Zwecken verwendet werden könnte. Auch entfällt der größere Theil der Differenz zwischen Exportfracht und rein interner Fracht auf die auswärtigen Bahnen, um deren Frequenz wir uns wohl nicht zu kümmern brauchen.

An die inländischen Bahnverwaltungen aber, falls auch sie, wie wahrscheinlich, das Heil ihrer Zukunft in dem Siege der Freihandelsprincipien suchen sollten, richten wir die Bitte, ihre Blicke auf die vielen schönen Karten des europäischen Eisenbahnnetzes zu richten, welche in ihren Bureaux hängen. Ohne sich viel mit statistischem Apparate über die Verhältnisse von Bodenfläche und Eisenbahnmeilen zu plagen, werden sie rasch die Wahrnehmung machen, falls sie dieselbe nicht schon gemacht haben, daß die notorisch industriellsten Länder und Landstriche Europas: England, Belgien, die preußische Rheinprovinz, die Schweiz, Nordfrankreich, Sachsen und Nordböhmen sich, dem Verkehrsbedürfniße entsprechend, mit einem dichten Eisenbahnnetze überzogen haben, während die blos oder vorwiegend ackerbautreibenden Länder aus Mangel ausgiebigen Massenverkehrs nur wenige weit von einander abliegende Linien ausweisen. Vielleicht wird dann ein noch genaueres statistisches Eingehen in die Sache zu dem Resultate führen, daß im Durchschnitte auf den vielen einander nahebenachbarten Bahnen am Rhein, an der Schelde und jenseits des Canals die Betriebsdeficite seltener und die fetten Dividenden häufiger sind, als auf den ungarischen, polnischen und rumänischen Linien. Sollten andererseits die Herren Fachmänner im Eisenbahnwesen wirklich der Anschauung sein, daß das Frachtquantum, welches als Import durch die wenigen englischen Hafenstüdte seinen Einzug ins Land hält, oder dasjenige, welches auf dem gleichen Wege als fertige Waare zum Export das Land verläßt, daß dieses Frachtquantum im Stande wäre, nur annähernd der Masse des dortigen Eisenbahnnetzes Beschäftigung zu geben?

Im Ackerbaustaate ist die ganze interne Frachtbewegung: die Versorgung der Stadt mit den Bodenproducten der nächstumliegenden Dörfer, die Versorgung der Dörfer mit Krämerwaare aus der nächstgelegenen Stadt; die externe Frachtbewegung: der Import von (je nach der Größe des Landes) wenigen Millionen Centnern Textil- und sonstigen Industrieerzeugnissen, der Export von einer entsprechend vervielfachten Anzahl Millionen Centner Bodenproducte. Jener interne Verkehr entfällt seiner Natur nach dem Eisenbahntransporte fast gänzlich, weil er sich in gleichmäßiger Dünnheit über die ganze Fläche des Landes verbreitet; dem auswärtigen Verkehr fehlt, dem Hauptquantum nach, gegen den Export die Rückfracht und der Transport der Producte vom Erzeugungsorte zu den wenigen financiell möglichen Eisenbahnsammellinien des Landes legt diesem letzteren eine neue hohe Transportsteuer auf, die zu der früher auseinandergesetzten noch hinzugerechnet werden muß.

Die gleiche Landfläche trägt eben, abgesehen von den Unterschieden, welche durch Boden und Klima bedingt sind, ein wenigstens ähnliches Maaß an Früchten von Gibraltar bis Moskau, von der Krim bis nach den irischen Küsten; im Osten wie im Westen Europas haben der Hauptsache nach Feld, Wald, Wiese und Garten sich in den culturfähigen Boden getheilt und das verhältnißmäßige Vorwiegen der einen oder der andern Culturart, sowie die Art der Bewirthschaftung wird in den verschiedenen Ländern nur innerhalb mäßiger Gränzen das factische Ergebniß an Früchten steigern oder herabdrücken. Diese Unterschiede können aber keineswegs die enorme Verschiedenheit des Verkehrsbedürfnisses erklären, wie sie in dem Contraste 'zwischen den weiten bahnarmen Gebieten der Agriculturstaaten und dem engmaschigen Eisenbahnnetze der früher erwähnten Industriegegenden sozusagen zum graphischen Ausdrucke kommt.

So nahe aneinander in letzteren Ländern verhältnißmäßig Fabriksarbeiter und Bauer auch wohnen mögen, so groß das Bestreben auch sein mag, die industriellen Unternehmungn mit den Productionsplätzen der Hilfsstoffe in allerengsten örtlichen Contact zu bringen, so wächst doch in solchen Gegenden die Größe der Gütermassen, welche zu ihrer Verzehrung oder Weiterverarbeitung der Ortsveränderung bedürfen, in riesigem Maaße. Das Korn, die Milch, das Fleisch und alle andern Erzeugnisse der Landwirthschaft müssen auf tausend Wegen den größern Sammeladern und von diesen den Märkten zugeführt werden, von denen aus die Vertheilung an die Plätze mit gewerblicher Bevölkerung erfolgt. Auf gleiche Weise wandert die Kohle in gewichtiger Masse von der Grube nach den Feuerungen der Dampfkessel der Fabriken; wandern Stein, Holz, Cement, Eisentheile, Maschinen von den Plätzen ihrer Gewinnung oder Erzeugung nach den, einem raschen Stoffwechsel unterworfenen Arbeitsstätten des Gewerbes; wandert das Rohmaterial zu seiner Verwandlung in Halbfabrikat, und dieses zu seiner Verarbeitung in fertige Waare des täglichen Verbrauches; wandert endlich das Fabricat auf den heimischen Markt oder nach denen des Auslandes. Je vollkommener und vielseitiger die Industrie eines Landes ausgebildet ist, je dichter das Bahnnetz, desto kleiner werden durchschnittlich die Entfernungen, welche die einzelnen der aufgezählten und nichtaufgezählten Gütercategorien zurückzulegen haben. Schon bei gleicher Höhe der Frachtsätze erwächst daraus der Industrie hochcultivirter Länder eine Ersparniß der Productionskosten, welche nicht unterschätzt werden darf.

All das kann jede einzelne Bahnverwaltung aus ihren bücherlichen Aufzeichnungen und statistischen Zusammenstellungen viel schöner und gründlicher nachweisen, als wir dieß zu thun in der Lage sind. Aber freilich, die Industrie will gepflanzt und gepflegt sein, sie braucht Zeit, bis sie dem Lande die Frucht des regelmäßigen Massenverkehrs schenkt. Die Bahnverwaltung denkt aber an den Dividendencoupon des nächsten Jahres, und wenn die Zollschranke heute fällt, oder ein wenig leichter auf die Seite geschoben werden kann, dann wird der diesjährige Geschäftsgang und somit die nächstjährige Dividende aufgebessert; bis aber dadurch die bestehende Industrie gänzlich todtgemacht ist, das dauert mindestens noch drei bis fünf Jahre, — und ob dann der Verkehr stärker oder schwächer wird, darüber sollen sich doch heute die Bahnverwaltungen nicht auch noch die Köpfe zerbrechen? Also nieder mit den Schranken.

Der zweite Punct, welchen wir hier am Schlusse dieses Abschnittes noch erwähnen wollen, ist an unsere Brüder jenseits der Leitha gerichtet. Wir gehen sie nicht darum an, daß sie unseren schönen Augen das Geringste zu Liebe thuen sollen. Nur das möchten wir ihnen zu Gemüthe führen, daß sie nicht, blos um uns zu ärgern, sich selbst allzutief in's Fleisch schneiden möchten. Mit der Frachtersparniß an ungarischen Bodenproducten auf der einen, der Frachtvergeudung auf der andern Seite ist übrigens die Sache für sie noch durchaus nicht abgethan.

Wir haben die Mehrkosten der industriellen Erzeugnisse in Oesterreich gegen die des Auslandes auf durchschnittlich 12½% vom Werthe des Fabricats, etwa innerhalb der Gränzen von 10 und 15% geschätzt und diese Schätzung weder aus der Luft gegriffen, noch etwa aus einer vagen Annahme und Summirung der einzelnen ungünstigen Momente deducirt. Die Erfahrung zeigt uns bei der heutigen Höhe der vertragsmäßigen Zollsätze (wir haben bekanntlich durchgängig Gewichtszölle), bis zu welchem Feinheitsgrade des Fabricats dieses noch die Concurrenz des Auslandes auszuhalten im Stande ist, und über welche hinaus der Inländer ganz einfach das Feld räumen muß. Je gröber nämlich die Qualität der Waare, desto geringer ist natürlich der auf eine bestimmte Gewichtseinheit entfallende Betrag an Erzeugungskosten, desto höher also der Schutz, welchen ein und derselbe Zollsatz der inländischen Production gewährt. Jene Gränze war bis vor wenigen Jahren, wo der englische Handelsvertrag und dessen selbstverständliche Ausdehnung auf alle meistbegünstigten Staaten die Sätze des allgemeinen österreichischen Zolltarifs über den Haufen warf und unsere Industrie auf ihren heutigen beklagenswerthen Stand brachte, wesentlich höher als heute, wo wir in vielen Artikeln auf die allergröbste, wenig Verdienst in's Land bringende Fabrication angewiesen sind. Jene doppelte Grenze der Concurrenzfähigkeit, wie sie einerseits nach dem allgemeinen Zolltarife vom Jahre 1853, andererseits später nach den Verträgen der Sechzigerjahre sich herausgebildet hatte, ist ein deutlicher Zeiger des Schutzbedürfnisses für die verschiedenen Feinheits- oder Werthabstufungen des Fabricats, und sie hat auch zu dem ganz erfahrungsmäßigen Resultate der durchschnittlichen zehn bis fünfzehn Procent Mehrkosten geführt, welche sich vermindern, wenn der Rohstoff im Fabricat gegen die darin enthaltene industrielle Arbeit ungewöhnlich vorwiegt, und sich erhöhen, wenn das Umgekehrte der Fall ist.

Diese Mehrkosten der österreichischen Production sind aber, wie wir längst früher gezeigt haben, die Wirkung unserer ungünstigen staatsfinanziellen Zustände und ein großer Theil derselben besteht in der höheren Steuerbelastung, welche die inländische Industrie gegen diejenige des Auslandes zu tragen hat. Wäre doch manches ausländische Etablissement froh, hie und da soviel zu verdienen, als eine entsprechende österreichische Unternehmung an directen und indirecten Steuern zu zahlen hat. Eine Maßregel, welche die österreichische Industrie hebt, hebt auch die Steuerkraft der dießseitigen Reichshälfte; was dagegen jene untergräbt, schädigt auch diese. Zu den gemeinschaftlichen Staatsausgaben zahlt die dießseitige Reichshälfte bekanntlich 70 Procent, die jenseitige 30; bis zu hohem Grade liefern also wir den Ungarn die materiellen Mittel zu ihrer staatlichen Existenz.

Nicht nur der, aus der Mehrbesteuerung unserer Industrie gegen diejenige der Concurrenzstaaten sich ergebende Betrag, sondern die ganze Steuersumme, welche sie an den Staat abliefert, würde entfallen, sobald ihr der Lebensfaden abgeschnitten würde, und da eine Mehrbelastung der übrigen Steuerträger wohl nicht denkbar ist, so müßte eben unsere finanzielle Misere, oder deutlich gesagt, das Deficit unserer Staatseinnahmen gegen die Staatsausgaben mindestens um den Betrag größer werden, welcher momentan den Taschen der Consumenten von Industrieerzeugnissen (hier ganz abgesehen von den Frachtverlusten) erspart wäre.

Zieht man aber nun jene, für den Fall absoluten Freihandels vorausgesetzte riesenhafte Frachtvergeudung, deren Darstellung den Hauptinhalt dieser Schrift bildet, neuerdings in Rechnung, so können wir nun nicht mehr sagen: der Verlust ist gleich der Differenz zwischen dem Gesammtfrachtbetrag des Exports ins Ausland und demjenigen des Transports nach den österreichischen Industriegebieten weniger der Ersparniß an dem freien Bezuge ausländischer Industrieproducte gegen inländische; sondern wir müssen nun des Steuerausfalles wegen diesen Nachsatz gänzlich weglassen*) und daher trocken und einfach aussprechen:

Der Verlust des ungarischen Volksvermögens im Falle des Bezugs der Industrieproducte aus dem Auslande gegen den Bezug derselben aus Oesterreich ist mindestens gleich der Differenz zwischen dem Gesammtfrachtbetrage der zur Bezahlung jenes Imports nöthigen Landesproducte nach dem Auslande und demjenigen nach der österreichischen Reichshälfte.

Möge diese unsere Rechnung und Folgerung ernsthaft, gründlich und allseitig geprüft werden.

---

*) In die Ziffern unseres frühern Beispiels übersetzt hieße dieß: Der Verlust 2c. wäre nicht = 87 — 30 = 57 Millionen, sondern mindestens = den ganzen 87 Millionen.

IV.

Wir haben in dem vorhergehenden Abschnitte die Consequenzen zu ziehen versucht, welche die Einführung der freihändlerischen Ideale in die Wirklichkeit unseres Wirthschaftslebens zunächst für Ungarn haben müßte, wo heute die industriellen Interessen so gering sind, daß wir sie füglich ganz übergehen konnten. Das Beispiel und die möglichen Nutzanwendungen schienen uns nur an Werth zu gewinnen, wenn es uns gelang den Nachweis zu führen, daß sogar ein reiner Agriculturstaat, welcher durch einen weiten Complex von Vorländern mittelmäßiger industrieller Entwicklung von den Hauptcentren der Weltindustrie getrennt ist, das schwerwiegendste volkswirthschaftliche Interesse daran hat, ein möglichst nahegelegenes Land mit industrieller Production in sein volkswirthschaftliches Gebiet einzubeziehen zur Gewährleistung gegenseitiger directen Abnahme der industriellen und landwirthschaftlichen Producte; mag nun das eine Land mit dem andern zugleich durch staatliche Bande verknüpft sein oder nicht.

Wenn nun dieser vorausgesetzte reine Agriculturstaat in Wirklichkeit doch einzelne berücksichtigungswerthe Industrien besitzt, so kann die Statthaftigkeit der Aufstellung des Schutzzollprincips für das betreffende Land dadurch höchstens gewinnen, keinenfalls aber verlieren. Andererseits ist aber der Schluß erlaubt, daß, wenn schon für den Agriculturstaat Ungarn das Mitleid der Engländer und ihrer hiesigen Gesinnungsgenossen über die Bedrückung des armen Consumenten durch den Egoismus der österreichischen Fabrikantenclique sich als höchst überflüssig herausstellt, dieß um so viel mehr bei der westlichen Reichshälfte der Fall sein muß, wo es sich nicht nur um die Ersparniß einer allerdings sehr großen Frachtdifferenz, sondern um die der gesammten Exportfracht für den Gegenwerth fremder Industrieproducte handelt.

Aber vergessen wir nicht, daß wir die beispielsweise Aufstellung des reinen Freihandelsprincipes nur deßhalb vorgenommen haben, um die Nutzanwendung für die gegenwärtige wirthschaftliche Lage von Oesterreich-Ungarn und für den Widerstreit der Meinungen zu ziehen, welche der bevorstehende Ablauf der ersten Periode des ungarischen Zollbündnisses und der wichtigsten Handelsverträge mit fremden Industriestaaten hervorgerufen hat und ohne Zweifel noch mehr hervorrufen wird; um den Kern der Frage etwas von der zähen Umhüllung der Kathedertheorien, der abgedroschenen Schlagworte und der unfruchtbaren Aufzählung von Autoritäten beider Parteien loszuschälen; um hie und da einen Enthusiasten aus den Wolken auf den festen Boden unserer heimathlichen Erde herabzuziehen, und die große Menge derer, die, heute noch indifferent, in nächster Zeit von dem aus großen Journalen blasenden Phrasenwinde erfaßt zu werden drohen, noch theilweise auf diesem Boden festzuhalten.

Um die radicale Ausmärzung jedes Zollsatzes, der noch einer Industrie eine Spur von Schutz gewährt, handelt es sich in den nächsten zwei Jahren wohl noch nicht; obgleich Gedanken und Handlungsweise unserer lieben Osthälfte unerforschlich und die Nachgiebigkeit unserer Regierung ihr gegenüber unermeßlich ist. Der Druck unserer wirthschaftlichen Gesammtlage macht sich nun einmal heute mit so gewaltigem Ernste fühlbar, die Gefahren der nächsten Zukunft sprechen zu uns in so drohenden Anzeichen, daß unsere einheimischen Freihändler einstweilen ihre Ideale in den Schrein ihrer Brust verschließen, den Rock darüber zuknöpfen und warten bis der Sturm vorüber ist. Die Bestrebungen derselben und der aus der Fremde zugereisten Menschheitsbeglücker im Unterrock und im Frack werden sich aller Wahrscheinlichkeit nach darauf beschränken, das Werk des Jahres 1867 mit dem Muthe der Löwin, welcher ihr Junges geraubt werden soll, zu vertheidigen, dem Stricke, der damals der Schafwoll- und Baumwollfabrikation und andern Industrien um den Hals geschnürt wurde, vielleicht noch ein paar Drehungen zu geben, damit das überflüssige

Athemholen noch mehr vermieden werde und das Uebrige der Zukunft zu überlassen, auf welche ja bekanntermaßen die Freihändler ein k. u. k. ausschließliches Privilegium besitzen.

Wenn wir die Ein- und Ausfuhrlisten des österr.-ungar. Zollgebietes, wie sich dasselbe seit der Abtretung Venetiens im Jahre 1866 abgegränzt hat, einer Durchsicht unterziehen, so wird sich uns die Wahrnehmung aufdrängen, daß es unserer Volkswirthschaft sehr schwer wird, den Import an fremden Producten in der Ausfuhr zu bezahlen. Nur in den Jahren starker Getreideerndten und in den unmittelbar auf ein gutes Erndtejahr folgenden zeigt sich ein Ueberschuß des Werthes der Gesammtausfuhr über den der Gesammteinfuhr. In den letzten fünf aufeinanderfolgenden Jahren haben wir Jahr für Jahr unsern Bezug an fremden Waaren nicht vollständig bezahlt; ja in den letzten drei Jahren hat der Ausfall jedes Jahr über 100 Millionen Gulden betragen; wir sind da mehr als ein Viertel von dem, was wir vom Auslande gekauft haben, schuldig geblieben.

Es betrug nämlich nach den Zusammenstellungen des Rechnungs-Departements des k. u. k. Finanzministeriums der Calculationswerth*)

im Jahre	1867	1868	1869	1870	1871	1872	1873	1874	
der Einfuhr	276	366	398	416	526	592	571	566	
der Ausfuhr	401	424	428	389	499	382	424	452	
Differenz	+ 125	+ 58	+ 30	— 27	— 27	— 210	— 147	— 114	Millionen fl.

Speciell von Getreide und Mehl war in den gleichen Jahren der Ueberschuß der Ausfuhr über die Einfuhr:

72	94	67	39	57	— 4	— 20	— 20	Millionen fl.

*) Diese Werthsummen, welche nach den Zusammenstellungen des Finanzministeriums nicht etwa auf runde Millionen oder Tausende, sondern auf den letzten Gulden ausgerechnet sind, müssen trotzdem nur als ein ganz approximativer Nachweis in Ermanglung eines Bessern aufgefaßt werden. Amtlich aufgenommen wird nämlich nur das Gewicht resp. die Stückzahl der die Grenze passirenden Güter. Diese Quantitäten werden multiplicirt mit Preisen, welche von einer gemischten Commission im Jahre 1864, sage achtzehnhundertvierundsechzig, aufgestellt worden sind. Die Preise vieler Artikel mögen inzwischen allerdings nur um so und so viel Procente geschwankt haben; die von andern aber dafür um ein Mehrfaches des Minimalpreises. Dieses schwer erklärbare Vorgehen soll allerdings mit diesem Jahre durch jährliche Preisconstatirungen sein Ende finden; es gibt aber einen köstlichen Beleg für das Verständniß, mit welchem volkswirthschaftliche Angelegenheiten bei uns vom grünen Tische aus behandelt worden sind.

In den Jahren 1870—1873 mögen es allerdings die aus dem Auslande kommenden, zur festen Anlage in Oesterreich bestimmten Capitalien gewesen sein, welche in dieser Form ihren Einzug in's Land gehalten haben, aber das große Ausfuhrdeficit des Jahres 1874 läßt sich schon schwerer auf diese Weise erklären. Sei dem wie ihm wolle; womit sollen denn die Zinsen dieser Capitalien bezahlt werden als mit einem schließlichen Ueberschuß des Exports? Und in was kann dieser Ueberschuß bestehen, als in Bodenproducten, wenn die einheimische Gewerbsproduction mehr und mehr von der ausländischen verdrängt werden soll?

Das, was in unserm frühern Abschnitte vom Getreideexport im Extrem gesagt wurde, gilt in bescheidenerem Maßstabe auch von unsern heutigen Verhältnissen. Einen großen Theil unseres Imports, welcher sich einerseits aus Producten zusammensetzt, welche das Inland nicht hervorbringen kann, andererseits aus Fabrikaten, welche wir sehr gut hier erzeugen könnten, müssen wir schon alle die Jahre her mit schwerwiegenden oder, was hier dasselbe ist, geringwerthigen Gütern der Land- und Forstwirthschaft bezahlen, oder auf so gute Erndten warten, bis wir sie überhaupt damit bezahlen können. Der Verlust darauf steht wohl im selben Verhältnisse hinter dem im vorigen Abschnitte von uns ausgerechneten zurück, als die heutige Summe unseres Exports an Bodenproducten gegen unsere früher angenommenen 240 Millionen. Außer Mehl und Getreide ist hier namentlich Holz (Brennholz und noch mehr Werkholz) zu rechnen, wovon jedes Jahr um den Betrag von etlichen 20 Millionen Gulden ausgeführt wird.

Wir halten es aber für wahrscheinlich, daß die Zwangslage bezüglich des Exports zur Bezahlung des vorausgegangenen Imports sich auch auf andere, weniger schwerwiegende Artikel zum Schaden der Gesammtheit erstrecken kann, wenn auch vielleicht nicht in so hohem Maaße; und daß auf gleiche Weise schwerwiegende Importartikel eine solche Zwangslage hervorrufen können.

Sobald der Import irgend welcher Artikel für den Importeur einen Nutzen ausweist, muß derselbe mit Nothwendigkeit erfolgen. Es werde nun z. B. ein beliebiger Artikel in England um 10 Gulden pro

Centner billiger erzeugt als in Oesterreich. Der Zoll darauf betrage 6 Gulden, die Fracht $3^1/_2$ Gulden. Der Consument des Landes macht also zusammen mit dem Importeur an der Einfuhr einen Gewinn von einem halben Gulden im Vergleich zur Versorgung mit einheimischen Waaren. Früher oder später muß jeder Import wieder durch den Export irgend welcher Waaren aufgewogen werden, wie wir dieß schon früher ausgeführt haben. Ist nun aber kein Artikel in genügender Menge vorhanden, welcher im Vergleiche mit auswärtigen Märkten die zum Export entsprechende Billigkeit besitzt, — so müssen die herannahende Zahlungsverpflichtung, das Ausströmen des baaren Geldes, die daraus sich ergebenden Stockungen des Geldverkehrs und die Herabminderung der inländischen Kaufkraft einen allgemeinen Druck auf die Preise des einheimischen Marktes ausüben, auf diesen Artikel stärker, auf jenen schwächer, je nachdem der eine oder der andere mehr oder weniger auf die rasche und reichliche Circulation des Geldes angewiesen ist. Dieser Druck wird nicht aufhören, bis irgend welche Artikel in genügender Menge exportfähig geworden, das heißt also im Preise so gedrückt worden sind, daß sie trotz der Fracht und des fremden Zolles auf dem ausländischen Markte noch gekauft werden können. Da ist es denn leicht möglich, daß jener halbe Gulden Importnutzen, von welchem wir oben gesprochen haben, vom Schaden an dem Exporte aufgefressen werden könne und ein Theil des Werthes der importirten Waare dazu, auch wenn dieselbe im Verhältniß zu ihrem Werthe eben so schwer oder schwerer war, als die zum Export gelangende.

Diejenigen unserer Industrien, deren Rohmaterial im eigenen Lande producirt wird, sind besser daran als jene welche es aus der Ferne holen müssen, und auch sonst können Verhältnisse der verschiedensten Art einwirken, um in einem Lande die Concurrenzfähigkeit der verschiedenen Industrien nach Außen sehr verschieden zu gestalten.

Nachdem es in Zeiten mangelnden Absatzes in der Großindustrie oft vortheilhafter erscheint, viel zu produciren und den sonst unverkäuflichen Ueberschuß zu Schleuderpreisen abzugeben, als reducirt zu arbeiten; zu einem solchen Ausverkauf aber lieber ein entfernter Markt gewählt wird, als der eigene, um sich nicht die Preise für den Gesammtverkauf zu verderben, so hat sich der Gebrauch eingebürgert, diesen Ueberschuß in ein fremdes Land zu schleudern. Dieß mag manche Erscheinung unserer Ausfuhrstatistik erklären. So wie aber die Noth viele unserer Industriellen dem Auslande gegenüber zu handeln treibt, so wird es uns auch vom Auslande zurückgegeben. Der Schwächere hat schließlich dabei das Bad auszugießen.

„Wenn die Industrie nicht von selbst kommt, so ist „dieß ein Beweis, daß nicht einmal für die Landwirthschaft „die nöthigen Arbeitskräfte vorhanden sind", so sagen unsere Gegner.

Gekleidet muß aber der Bauer doch werden, und die Gesammtheit der Industrie eines Landes arbeitet eben für die Gesammtheit der übrigen Stände. Für das Gewerbe also wären in Agriculturstaaten keine Hände da, und dem Consumenten des Getreides darf nicht Gelegenheit geboten werden, sich dicht neben den Producenten dieser Güter anzusiedeln, aber für alle die Mäuler, die den dritten Theil des Getreides auffressen, indem sie es zwei- bis dreihundert Meilen weit fortschleppen, muß gesorgt werden, und an deren Armen ist niemals Mangel. Wir bitten unsere Herren Gegner, doch in einen Fabriksdistrict in unserm Lande zu kommen, wo wegen Ungunst der Geschäftsverhältnisse, durch Unglück oder Verschulden der Unternehmer, oder durch das Gelingen der Bemühungen brittischer Regierungsagenten und Agentinnen die Fabriken zum Schließen, die Hochöfen zum Auslöschen und die Arbeiter zum Frieren und Hungern gebracht worden sind. Sie werden sich nicht weit zu bemühen haben, um einen solchen zu finden. — Oder wären die Herren in den Jahren 1862 und 1863, das ist zur Zeit des amerikanischen Krieges, in die Gegenden der Baumwollindustrie gegangen, wo die durch den Mangel an Rohstoff hervorgerufene dürftigste Notharbeit und Arbeitsnoth durch Jahre die große Masse der Arbeiter nicht von den Stätten ihrer bisherigen Thätigkeit vertreiben konnte, — so würde die überlegene Sicherheit ihrer Behauptungen vielleicht etwas gedämpft worden sein. Ob schließlich eine Bevölkerungsmasse von gegebener Größe auf einem Territorium von ebenfalls gegebener Größe nicht besser fährt, wenn ein Bruchtheil der Ersteren der Cultur des Bodens entzogen wird und dagegen die Früchte dieses Bodens in ihrem vollen Consumtionswerth zur Geltung kommen, als wenn Alle den Acker bearbeiten und dafür den dritten Theil seines Ertrages als Transportsteuer an den Frächter ihres Productes abzugeben haben, — steht noch dahin auch für den Fall, als wirklich zu einer intensiven Bearbeitung des Bodens neben dem industriellen Betriebe nicht genug Hände vorhanden wären, was uns für unsere Verhältnisse noch durchaus nicht bewiesen scheint. Wir glauben im Gegentheile, daß die Arbeitskraft der Gesammtbevölkerung unseres Vaterlandes auch in normalen Zeiten noch durchaus nicht voll verwerthet wird, ganz abgesehen von der um sich greifenden Arbeitsnoth, welche heute als drohende Landescalamität an unsere Thüren pocht.

„Im Falle vollständigen Freihandels würde sich die „Unternehmungslust von den nur durch Zollschutz zu „haltenden Industrien auf solche werfen, die von selbst „einen lohnenden Erfolg versprechen.“

Ja wohl, nur flott umgesprungen und das gestern Begründete heute ruinirt, um morgen wieder etwas Neues experimentiren zu können. Und das nennt sich Nationalökonomen! Als ob nicht alle Oekonomie in der sorgfältigen Schonung des Bestehenden zu größtmöglicher Ausnützung und allmähliger Transformation aus unvollkommenem Zustande in einen vollkommeneren unter Ersparung alles unnützen Bruches, aller unnützen Verwüstung und alles unnützen Abfalles wäre. Aber was wissen diese Herren, deren sterblicher Leib sich immer nur zwischen Hörsaal und Studirstube hin und herbewegt hat, während ihre unsterbliche Seele die Gränzen des Weltalls ausmaß, von den Erfordernissen der gemeinen Wirthschaft? Und wenn nun eben bei der Ungunst unserer Verhältnisse für industrielle Production gar keine neue Industrie über den Rahmen der heute schon Bestehenden hinaus von selbst einen lohnenden Erfolg versprechen würde? Wer zaubert dann alle die Millionen zurück, welche früher in industrielle Unternehmungen verbaut worden waren, denen man heute die Existenzberechtigung abspricht und die man leichtfertig dem Untergange weihen möchte? Hart nahe beisammen sind bei Fabriksanlagen die

Gränzen der Betriebsverhältnisse, unter denen dieselben dem vollen Bau- und Einrichtungswerthe oder sogar einem weit höhern Werthe entsprechen, und diejenigen, wo es am klügsten erscheint, die Mauern auf Abbruch und die Maschinen als altes Eisen zu verkaufen; meint man es daher gut mit dem Nationalvermögen, so hüte man sich, an den Lebensbedingungen seiner Anlagen zu rütteln, um Raum für Neubildungen zu schaffen, die blos als vage Möglichkeiten in den Köpfen von Leuten spuken, welche dem geschäftlichen Leben fremd gegenüberstehen.

„Die Theilung der Arbeit, wie sie die heutige „Industrie verlangt, ist nur im Welthandel möglich. Der „beschränkte Raum eines einzigen Landes ist gar nicht im „Stande, alle Gewerbserzeugnisse in hinreichender Voll„kommenheit mit Vortheil zu produciren!"

Das klingt sehr schön. Wir brauchen aber gar nicht nach England zu gehen, um die Unrichtigkeit dieser Behauptung zu erweisen, wo nicht nur jeder Industrieartikel überhaupt erzeugt, sondern in solchen Massen erzeugt wird, um den halben Erdkreis zu versorgen. Sehen wir nur das kleine Belgien an, welches auf einem Territorium, nicht größer als das eines der mittleren unserer vielen Kronländer, alles hervorbringt, was das Herz des Consumenten von Gewerbsproducten nur ersehnen kann und zwar alles in ausgezeichneter Qualität und in billigster Weise. Und wenn wir wirklich noch einen langen Weg haben, um zu diesem Ziele zu gelangen, so behelfen wir uns eben inzwischen, beziehen das Nothwendigste, im Inlande noch nicht zur Erzeugung kommende, aus dem Auslande, trachten die Bedingungen zu schaffen, welche zur selbstständigen Production nöthig sind und wahren und vervollkommnen vor allem das, was wir in unserer heimischen Arbeit bereits besitzen.

„Die Nationen sind darauf angewiesen, ihre Er„zeugungsüberschüsse auszutauschen."

Das sollen sie auch. Wir wollen den Caffee, die Baumwolle den Tabak und die Früchte der Tropen, den Thee und die Seide Chinas, das Petroleum Nordamerikas und die Häute Südamerikas, den Reis Italiens, alle die Arznei-, Farb- und Gerbestoffe und die

Metalle, die wir nicht besitzen, eintauschen gegen unsere Wolle, unser Glas, unsere Kurzwaaren und, wo es noch angeht, gegen unsern Rübenzucker und unser Bier. Wir wollen aber nicht in die Zwangslage versetzt sein, das nach Außen zu verschleudern, was wir im eigenen Lande voll hätten verwerthen können, um die Arbeit der Schweizer und Engländer zu bezahlen, welche einer verhältnißmäßig geringfügigen Differenz wegen dem eigenen Lande entzogen wurde. Diese Ueberschüsse der Production unseres Zollgebietes über den Bedarf desselben werden sich wechselnd gestalten, je nach dem Ausfalle der Erndten und allen Schwankungen des einheimischen Marktes. Sie sind ein nothwendiges Uebel. Je kleiner sie aber ausfallen, je mehr diese stolze Stirnziffer der Hunderte von Millionen Gulden zusammenschrumpft, welche unter dem Summirungsstriche der Zusammenstellung unserer jährlichen Einfuhr und Ausfuhr prangt, — je mehr sich die Nothwendigkeit verringert, dasjenige hunderte von Meilen weit in die Ferne schicken zu müssen, was man an Ort und Stelle abgeben und aufbrauchen kann, — um so günstiger wird, unter sonst gleichen äußeren Bedingungen, das Ergebniß unserer Gesammtwirthschaft sich gestalten.

Wächst dann durch die Ersparung unnöthiger Transportsteuer und durch die rationelle Ausnützung der Arbeitskraft des Volkes der Reichthum des Landes, — dann steigt damit auch neuerdings das Bedürfniß nach dem Luxus fremder Producte; dann mag auch das Wachsen unserer Import- und Exportziffern einen Thermometer unseres Wohlstandes und unserer wirthschaftlichen Bedeutung abgeben, aber — wir wiederholen, was wir Eingangs gesagt haben — dadurch, daß man den Thermometer zum Ofen bringt, wird die Temperatur des Zimmers nicht wärmer und dadurch, daß man Import und Export steigert, wird der Volkswohlstand nicht größer.

Man sagt uns, wir müssen den regelmäßigen Export pflegen und befördern, um in Zeiten, in denen eine einheimische Stagnation uns auf einen fremden Markt treibt, daselbst nicht als Fremdlinge zu erscheinen, denn die Neuanknüpfung von Handelsverhältnissen, die Neugewinnung des Vertrauens als Verkäufer müssen immer mit einer bedeutenden Prämie bezahlt werden.

Nun, für alle diejenigen Industrien, welche entschieden theurer produciren als ihre ausländischen Concurrenten, dürfte es doch etwas schwer fallen, ohne zwingende Noth jahraus jahrein mit Verlust den auswärtigen Markt zu behaupten, um endlich bei einer außerordentlichen Stockung im Inlande mit etwas mehr Leichtigkeit auf dem Weltmarkte losschlagen zu können; auch werden Vorräthe, die für den Bedarf eines bestimmten Landes gearbeitet sind, in den meisten Industrien nach außen so wie so dem Consum nicht entsprechen. Es darf ferner nicht übersehen werden, daß, um den immerhin sehr bedeutenden Import an Waaren zu bezahlen, welche das Inland überhaupt nicht zu erzeugen im Stande ist, ein Export von gleicher Stärke sich mit Naturnothwendigkeit von selbst ergibt. Da bleibt also zur Unterhaltung kaufmännischer Beziehungen immerhin Gelegenheit genug, und diese Beziehungen in vortheilhaftester Weise zu gestalten, wird eine der schönsten aber auch der schwierigsten Aufgaben unserer Volkswirthschaft sein. Leider ertönen von vielen Seiten laute Klagen, welche darauf hinweisen, daß ein nicht unbeträchtlicher Theil der gerade für den Export arbeitenden österreichischen Kleinindustrie sich in den schlechtesten Händen befindet, welche ihren Vortheil im Abschluße von möglichst vielen Probegeschäften mit Aussicht auf Nimmerwiedersehen des Käufers sucht und findet.

Der Verzicht auf einen Theil der Gewinnst- und Verlustmöglichkeiten des Welthandels, deren günstiger Schlußsaldo für uns ohnedieß mehr als problematisch ist, wird aber außerdem noch durch die leichtere Uebersicht dessen aufgewogen, was das Geschäftsjahr im bekannten Rahmen der inländischen Volkswirthschaft zu bieten im Stande ist, gegenüber der Unberechenbarkeit der Conjuncturen eines unbegränzten Marktes. Der Bedarf an Industrieproducten für Oesterreich-Ungarn ist ein erfahrungsmäßig bekannter; die Versorgung des Marktes durch die inländische Industrie ist ebenfalls bekannt; gute oder schlechte Erndten in allen möglichen Bodenproducten werden jenen Bedarf in abschätzbaren Gränzen steigern oder reduciren; nach allemdem kann die Industrie sich einrichten, und so lückenhaft unsere Consumtions- und Productionsstatistik auch immerhin sein mag, sie wird doch durch die Erfahrung zu dem Zwecke geschäftsmännischen Raisonnements und geschäftsmännischer Voraussicht einigermaßen ergänzt oder ersetzt. Auf dem Weltmarkte sind schon für den im Centrum desselben Befindlichen die Strömungen des Bedarfs einerseits, die der Production andererseits kaum übersehbar und noch weniger im Voraus abzuschätzen. Wie müßten erst wir armen Landratten dabei ins Blaue arbeiten und rechts und links überall zu spät und zu kurz kommen!

„Wo aber soll die Gränze für den Schutz der Indu-„strie sein? Soll man vielleicht die Einfuhr von Kaffee „und Orangen auch mit hohen Zöllen belegen, damit „sie im Inlande in Treibhäusern herangezogen werden „können?"

Fürchten Sie nichts, meine Herren! Der Schutz soll erst über jener Gränze anfangen, wo die Vortheile der Einfuhr durch die Verluste der Ausfuhr für die Allgemeinheit aufgewogen werden. Soweit die principielle Antwort auf diese Frage. Im einzelnen Falle wird die Antwort immer Sache der Erwägung, der Abschätzung, des Maaßes und des Tactes sein. Aber Euer Beispiel von den Südfrüchten und den Treibhäusern wird dadurch hinfällig; denn hier und in hundert andern, viel weniger crassen Fällen liegt es eben auf der Hand, daß selbst eine mit starken Verlusten verbundene Ausfuhr immer noch lange nicht jene Preisdifferenz aufzuwiegen im Stande ist, welche zwischen dem Import jener Artikel aus den Ländern ihrer natürlichen Production und ihrer Hervorbringung im Inlande liegen muß.

Wir fahren mit der Aufzählung der landesüblichsten Argumente unserer Gegner fort, und nachdem wir diejenigen besprochen haben, welche mehr allgemeiner und principieller Natur sind, kommen wir nun auf jene, welche sich specieller auf unser Land oder die heutigen Verhältnisse beziehen und schließen dann mit denjenigen, welche den Industriellen direct auf den Leib rücken.

„Wenn wir den fremden Waaren die Thüre ver-„schließen, so wird man Repressalien gegen unsern Wein-„export ergreifen."

Das wäre entsetzlich. Bevor wir uns aber unserm Schrecken

rückhaltslos hingeben, wollen wir einmal nachsehen, was die Statistik über unsern bisherigen Weinexport uns mitzutheilen hat.

Bei einem durchschnittlichen Gesammtexport im Werthe von jährlich 425 Millionen Gulden in den letzten 8 Jahren hat die östreichisch-ungarische Weinausfuhr zwischen 3,100,000 und 1,900,000 Gulden geschwankt. Der Durchschnitt derselben betrug im Werthe 2.8 Millionen gegen eine Einfuhr von 1.9 Millionen Gulden. Außerdem hat sich in den späteren unter diesen 8 Jahren die Ausfuhr schon vermindert und die Einfuhr vermehrt, so daß sie in den 4 letzten Jahren durchschnittlich 2.2 gegen 2.4 Millionen gestanden sind. Ob hier auch schon Repressalien im Spiele waren, etwa wegen des englischen Handelsvertrags, das wissen wir nicht. Aber man sieht, daß unser Land ruinirt wäre, wenn es wegen Mangel an Export diese 100—200,000 Eimer Wein selbst vertrinken, und dafür etwas von dem fremden den Franzosen und Deutschen überlassen müßte. — Warum von allen österreichischen Exportartikeln, auf die Unwissenheit des Publikums bauend, die Freihändler gerade immer unsere winzige W e i n a u s f u h r im Munde führen, ist schwer zu sagen. Wahrscheinlich ist dieses Stichwort bestimmt, im Lande der gewichsten Schnurbärte seine erschütternde Wirkung zu üben.

Die Drohung mit Repressalien braucht uns überhaupt nicht zu schrecken, mit so gewichtiger Miene sie auch stets von unsern Gegnern in den Mund genommen wird. Wir müssen es denselben überlassen, uns diejenigen Artikel zu nennen, oder wenigstens drastische Beispiele anzuführen, bei welchen und wie Repressalien überhaupt durchführbar sind und zu gleicher Zeit uns gefährlich werden könnten. Vorläufig müssen wir unsere Unwissenheit dahin eingestehen, daß uns solche Artikel nicht bekannt sind — — — höchstens gezogene Kanonen oder etwa ungezogene Noten.

„E s g e h t d e n I n d u s t r i e l l e n i n d i e s e n J a h r e n i n a n d e r n „L ä n d e r n a u c h s c h l e c h t; e s h e r r s c h t e b e n e i n e a l l g e m e i n e i n- „d u s t r i e l l e U e b e r p r o d u c t i o n; d a g e g e n h i l f t k e i n S c h u t z- „z o l l," so heißt es in neuester Zeit."

Haben denn wir in Oesterreich Alles in Allem genommen, auch eine industrielle Ueberproduction; ist denn bei uns die Industrie gar so stark entwickelt? Wenn aber die Herren Engländer, Belgier, Schweizer und Deutschen ein tolles Kirchthurmrennen auf dem Weltmarkte mit ihren Industrien in Scene setzen und mehr Fetzenwerk und sonstige Erzeugnisse menschlicher Handfertigkeit aus ihren Maschinen hervorgehen lassen, als die ganze Menschheit auf gewöhnlichem Wege zu ruiniren im Stande ist, — müssen wir armen Oesterreicher zu allem Uebrigen darunter auch noch leiden?

Es ist das Streben jedes industriellen Volkes, von der Gesammtsumme der gewerblichen Arbeit, welche zur Befriedigung der dießbezüglichen Bedürfnisse des menschlichen Geschlechts in allen Ländern des Erdkreises erfordert wird, einen möglichst großen Bruchtheil für sich zu erobern und, da diese Summe consumtionsfähiger Waare doch in jedem einzelnen Augenblicke eine begränzte ist, dem Markte der Andern ein so großes Stück als möglich zu entreißen. Speciell bei den Engländern ist dieß der Gesichtspunct, nach welchem seit ein paar Jahrhunderten die gesammte Handelspolitik geleitet wird, und der Zug dieser Handelspolitik ist so stark, daß ihre ganze übrige Politik davon ins Schlepptau genommen ist.

Bei dem Stärkeren nun, der auf industrielle Eroberungen ausgeht, äußert sich diese Tendenz in der Niederreißung aller Schranken, bei dem Schwächeren im Aufrichten derselben, um wenigstens den Markt des eigenen Landes sich zu erhalten. Das Ziel der Bestrebungen also ist bei den englischen und belgischen Freihändlern und bei den italienischen, österreichischen oder russischen Schutzzöllnern ganz dasselbe, und die einen wie die andern haben den Weg erkannt und gewählt, der zu diesem nationalen Ziele führt. Ein österreichischer Freihändler würde daher ein eben so interessantes psychologisches Phänomen sein, als heutzutage ein englischer Schutzzöllner im allgemeinen Sinne*), wenn wir gegen die erstere Erscheinung nicht ihrer Gewöhnlichkeit halber abgestumpft wären.

---

*) Daß übrigens die Engländer da, wo ihr Interesse tangirt wird, die Consequenz ihrer Lehre ohneweiteres preiszugeben verstanden, dafür diene als

Ueberstürzt sich nun die industrielle Production der erobernden und herrschenden industriellen Mächte derart, daß große Industriezweige (wie etwa heute zum Exceß die Jutemanufactur in Schottland) mit dauerndem Schaden produciren müssen, so haben sich dieß einerseits die betreffenden Industriellen selbst zuzuschreiben, wenn sie in blinder Gewinnsucht die Gränzen der Consumtionsfähigkeit ihres Artikels übersprungen haben, andererseits ist da meistens ein derartiger Gewinn derselben Industrie vorangegangen, daß wir uns über die Calamität der Fremden wahrlich keine grauen Haare wachsen zu lassen brauchen. — Unsere Industrie hat aber an dem Gewinn der Andern keinen proportionalen Antheil gehabt; sie ist bei neuen Industriezweigen auch vielleicht ein oder das andere Mal so spät gekommen wie der Poet in Schillers „Theilung der Erde"; ihre Gesammtlage ist der ernstesten Erwägungen unserer handelspolitischen Leiter würdig, und jener hier bekämpfte Ausspruch scheint die ganze Sache denn doch zu sehr auf die leichte Achsel zu nehmen.

Beispiel eine kleine Anecdote, die wir dem zuckersüßen Idealismus unserer Freihandelsapostel nicht genug zur Beachtung empfehlen können:

Wie die österreichische Industrie sich stets in Specialitäten hervorgethan hat, bei welchen Erfindungsgeist und persönliche Tüchtigkeit des Unternehmers in engen Gränzen die Ungunst der äußeren Verhältnisse zu besiegen im Stande war, — so gelang es zu Anfang der Fünfzigerjahre einem Wiener Stahlfabrikanten, Herrn Martin Miller, Klaviersaiten von so vorzüglicher Qualität zu erzeugen, daß, während solche bisher von England nach Oesterreich ausgeführt worden waren, nun österreichische Saiten von englischen Klavierfabrikanten bezogen wurden. — Auf das Bekanntwerden dieser Thatsache hin, erhoben die Stahlwaarenerzeuger in Sheffield u. a. O. einen solchen Lärm, daß die Landsleute der Enkel Adam Smith's eine eigene Bill im Parlamente durchbrachten, welche auf diesen winzigen Artikel einen bedeutenden Zoll legte.

So wurde die Thatsache dem Verfasser dieser Zeilen von den Söhnen des obengenannten Mannes mitgetheilt und es ändert wenig an der Sache, daß dieser Zoll, welcher den Declamationen der Engländer mehr schaden mußte, als er ihrer Industrie nützen konnte, bald wieder fiel und jenes Wiener Haus auch heute wieder dem ersten Klavierfabrikanten Londons die Saiten liefert.

Free trade for ever!!!

„Der Zoll ist auch ein sehr unpractisches Mittel zur „wirksamen und entsprechenden Ausgleichung ungünstiger „Verhältnisse der Industrie; in guten Zeiten ist er nicht „nöthig; in schlechten verhindert er die Invasion des un„verkäuflichen Ueberschusses fremder Märkte doch nicht."

Wenn ein Billardspieler heute 10 Gulden gewinnt, morgen 10 Gulden verliert und so fort, so wird am Schlusse des Jahres, falls der Spieler auf Gewinn und nicht auf Zerstreuung ausgegangen war, das Spiel jedenfalls nicht der Kerzen werth gewesen sein, welche dabei verbrannt wurden. Steigert sich aber durch irgend einen Vortheil, erhöhte Fertigkeit oder das Vorgeben einiger Ballen von Seite des Gegners, die Gewinnstwahrscheinlichkeit des Spielers derart, daß er an einem Tage 11 Gulden gewinnt, am nächsten aber nur 9 Gulden verliert, so wird, so wenig maßgebend der Unterschied im einzelnen Falle scheint, das Gesammtresultat ein von dem früheren gründlich verschiedenes sein.

Die Industrie, und namentlich die Großindustrie, ist aber wirklich im Falle dieses Billardspielers. Je mehr in einer Erwerbsunternehmung die Arbeit des Individuums vor der Bedeutung des Capitals, der hiebei beschäftigten Gesammtarbeit, und der äußern Einflüsse der Geschäftsconjuncturen zurücktritt, um so stärker und unvermittelter werden in dieser Unternehmung Ebbe und Fluth von Gewinnstjahren und Verlustjahren einander die Hände reichen. Auf den Schlußsaldo einer längeren Reihe von Jahren kommt es in diesem Falle an, um über die Lebensfähigkeit einer Unternehmung, oder einer Gruppe von Unternehmungen, welche ein Geschäftszweig in einem Lande umschließt, ein Urtheil abgeben zu können. Der Arbeiter in einer Fabrik erhält seinen Lohn, ob in dem Unternehmen gewonnen oder verloren wird und nur allmählig bringt ein andauernd guter oder andauernd schlechter Geschäftsgang eine Steigerung oder Reduction der Löhne zuwege. Der Handwerker, welcher mit wenigen Gesellen für den directen persönlichen und häuslichen Bedarf des großen Publikums arbeitet, wird in Zeiten von Arbeitsüberhäufung einen größeren Nutzen nehmen und sich bei spärlich fließenden Aufträgen mit einem kleinen begnügen; bei dauernder Stockung müssen vielleicht seine Gesellen anderswo Erwerb suchen; weil aber auch in den schlechtesten Zeiten Brod und Fleisch gegessen wird, Kleider und Stiefel zerrissen, Möbel ruinirt und Fenster zerschlagen werden, — und er für seine Arbeit immer bezahlt wird, so geht der Verdienst nie ganz aus. Der Großindustrielle dagegen arbeitet gleichmäßig fort für einen Consum, welcher der Zeit nach von der Production weit entfernt sein kann: drei Viertel seines Unternehmens müssen tagein tagaus in Arbeit sein, um die Tageskosten herauszuschlagen, erst das vierte Viertel bringt in guten Zeiten Gewinn; eine Verminderung seiner Normalerzeugung ist aber für ihn ein bestimmter, ziffermäßig auszurechnender Verlust; nimmt nun durch irgend welche Ereignisse des Marktes sein Absatz zeitweise derartig ab, daß das vierte Viertel seiner Erzeugung unverkäuflich wird, so ist das Gesammtresultat Verlust; und wächst dagegen die Nachfrage über das Normale, so verwandelt sich dann bei gesunden Unternehmungen dieser Verlust rasch in einen noch größeren Gewinn.

Sobald also, bei sonst ungenügenden Durchschnittsergebnissen eines Industriezweiges in einer größern Anzahl Jahren, durch einen entsprechenden Zollschutz das Zünglein der Wage etwas häufiger und stärker nach der Gewinnstseite schwankt, als nach der Verlustseite, so können die Industriellen damit ganz zufrieden sein und die Gesammtheit der Interessenten am Wohlstande des Landes ebenfalls.

Nun rücken uns unsere Gegner näher auf den Leib, ziehen die Thatsachen ins Gefecht und sprechen;

„Müßte man nicht blind sein, um nicht zu sehen, „welche Fortschritte die österreichische Industrie in den „zwei letzten Decennien, also seit dem Bruche mit dem „Systeme der Prohibition, gemacht hat.“

Es ist schwer, hierauf „ja“ oder „nein“ zu sagen, denn die

österreichische Productionsstatistik, namentlich die der früheren Decennien, ist äußerst lückenhaft und dürftig. Die Zusammenstellungen aus den Ein- und Ausfuhrlisten geben nur hie und da indirecten Aufschluß, namentlich weil die inländische Consumtion noch viel weniger ziffermäßig festgestellt ist als die Production. Die Vermehrung der Einfuhr in einem Artikel kann ebensoleicht vom Wachsen des Verbrauchs als von der Abnahme der Erzeugung herrühren, die Vermehrung der Ausfuhr umgekehrt von der Zunahme der Erzeugung oder der Einschränkung des inländischen Verbrauchs. Im Großen und Ganzen lehren uns diese Listen nichts, als daß Ein- und Ausfuhr im Laufe der Jahre stark gewachsen sind, und dieß ist doch wohl natürlich, denn während noch vor einer kurzen Reihe von Jahren nicht mehr als vier bis fünf Schienenbänder uns mit dem Auslande verbanden, und das österreichisch-ungarische Eisenbahnnetz der Hauptsache nach aus einem einzigen großen Kreuz bestand, dessen vier Balken von Wien ausgehend nur hie und da einen Zweig ansetzten, — fährt die Locomotive heute durch 25 Pforten nach Oesterreich herein und wieder hinaus und ist ein Netz von Schienenstraßen über das Land gespannt, derart, daß jetzt fast jedes Kronland von mehr Linien durchzogen wird, als früher die Monarchie.

Wir können nun einmal in den Steigerungen von Ex- und Import, wie sie ja doch die Herabsetzung der Zölle zur Folge haben muß, kein Zeichen des Wachsthums der Industrie erblicken; übrigens müßte es mit den wirthschaftlichen Verhältnissen eines Landes noch trauriger als bei uns bestellt sein, wenn eine derartige Veränderung des Communicationswesens, wie oben geschildert, eine ganz bedeutende Ausbreitung der Industrie nicht zur Folge gehabt hätte. Eine solche Ausbreitung muß aber erst nachgewiesen und dann ihrer Natnr nach untersucht werden.

Die Redensart von dem ungeheuren Fortschritte unserer Industrie stammt wohl hauptsächlich aus den Jahren des sogenannten wirthschaftlichen Aufschwungs 1871 und 1872, auch Schwindelepoche genannt. Um der Börsenspeculation einen schönen decorativen Hintergrund zu geben und auch den Glanz der Weltausstellung zu erhöhen, wurde da ein allgemeiner industrieller Fortschritt auf dem Papiere improvisirt.

Daß natürlich alle Industrien, welche mit dem Eisenbahn- und sonstigen Bauwesen in Verbindung stehen, in jenen Jahren trotz vergrößerten Imports stark beschäftigt waren und auch bedacht sein mußten, so rasch als möglich ihre Etablissements zu vergrößern, liegt wohl auf der Hand und hat mit Schutzzoll und Freihandel blutwenig zu schaffen. Die Armen haben auch heute an ihren Vergrößerungen schwer genug zu tragen; die neuen Hochöfen stehen da, aber mancher alte ist zugleich mit ihnen ausgeblasen worden.

In der Textilindustrie, Schafwolle wenigstens wie Baumwolle, ist die Calamität eine allgemeine. Der Zollschutz ist eine Frage des Maaßes und dieses hier statthafte Maaß ist, von Vertrag zu Vertrage entschieden überhäuft worden — man hat dem Pferde das Fressen zu rasch abgewöhnen wollen.

Wir bitten also unsere Herren Gegner um Auskunft: Wann hat sich die österreichische Industrie so stark entwickelt, wie stark haben die einzelnen Zweige im Vergleich zu den ersten Fünfzigerjahre sich entwickelt und inwiefern soll dieß mit den Zollerniedrigungen zusammenhängen?

Vielleicht wird sich dann bei näherer Betrachtung herausstellen, daß, sowie die englische Industrie nach dem abgedroschenen Freihändlerstichworte trotz des Schutzzolles groß geworden ist, auch mancher österreichische Industriezweig in ihrem Sinne trotz der freihändlerischen Richtung einen schweren Stoß erhalten hat.

„Der Schutzzoll macht die Industriellen träge. Nur „in der frischen Strömung freier Concurrenz werden die „Fähigkeiten entwickelt, wird die Kraft der Industrie „gestählt."

Diese oft wiederholte Behauptung, deren Berechtigung wir bei richtiger Anwendung durchaus nicht leugnen wollen, wird gleichwohl nicht auf viele volkswirthschaftliche Situationen passen; ja sie enthält sogar in dieser Hinsicht einen gewissen Widerspruch, der nur in einzelnen Fällen in der Wirklichkeit behoben erscheint. Entweder die wirthschaftliche Stufe, welche ein Volk erklommen hat, ist noch so niedrig, daß eine kräftige Concurrenz im Innern des Wirthschaftsgebietes nicht entsteht; dann ist diese Bevölkerung gewiß fast ausnahmslos außer Stande, die freie Concurrenz des Auslandes zu ertragen; dann fallen sofort der Eröffnung der Zollschranken die industriellen Versuche des Volkes zum Opfer und das Land sinkt auf das Niveau eines reinen Ackerbaustaates zurück; — oder die Industrie des Landes ist für den Freihandel reif, dann ist die gewerbliche Intelligenz gewiß auch so sehr entwickelt, das Capital so sehr mobilisirt, um sofort, wenn es einzelnen Industriellen in ihrem Geschäftszweige zu gut geht, durch kräftige innere Concurrenz den Geschäftsgewinn des betreffenden Industriezweiges wieder auf das gewöhnliche bürgerliche Maaß herabzudrücken. Irgend welche Fabricationsmonopole innerhalb der Zollschranken existiren ja, wenigstens bei uns zu Lande, nicht.

Zwischen unserm frühern „Entweder" und unserm „Oder" liegen aber in Wirklichkeit noch eine Reihe von Entwicklungsstufen. Diejenigen nämlich, auf welchen das industrielle Erkennen und Wollen bereits in bescheidenerem oder ausgedehnterem Maaße vorhanden ist, das industrielle Können aber durch die Macht ungünstiger äußerer Verhältnisse zu Boden gehalten wird, und auf einer dieser Stufen befinden wir uns in Oesterreich und haben bis jetzt wenig Aussicht, bald höher zu steigen.

Nichtsdestoweniger fällt es uns nicht ein, bestreiten zu wollen, daß das Ideal des Schutzzolles der Ausgleichungszoll*) ist, ein Zoll nämlich, von derartiger Höhe, daß die Concurrenz der inländischen Industrie gerade auf das Niveau derjenigen des Auslandes gestellt, durch welchen also das in den heimischen Productionsverhältnissen

*) Es ist ein geradezu nichtswürdiges Spiel mit Worten und mit den allerdings sehr dehnbaren Begriffen von Hoch und Niedrig, wenn einige unserer Gegner, den in den Handelskammern zum Ausdrucke gekommenen Forderungen unserer Industriellen gegenüber, welche sich bezüglich der Zollsätze zwischen 5 und 15 Procent des Werthes bewegen und nur ausnahmsweise darüber hinausgreifen, das Wort **Hochschutzzölle** in den Mund nehmen. Wie solche beschaffen sind, das mögen sie sich von den Nordamerikanern, welche fremde Industrieartikel mit einer Steuer von 50, 60 oder 70 Procent des Werthes belegen, erklären lassen.

liegende Mehrgewicht genau ausgeglichen wird. Nur ist eine genaue Ausgleichung des Unterschiedes practisch nicht möglich, erstlich weil viele Momente, welche auf die Höhe der Productionskosten einwirken, nicht ausgerechnet, sondern nur ungefähr abgeschätzt werden können; sodann weil diese Unterschiede bei den verschiedenen Industrieerzeugnissen durchaus nicht gleichmäßig, sondern in Tausenden von Combinationen vorkommen, ein Zolltarif aber immer nur eine begränzte Anzahl von Positionen haben kann; endlich weil ein Zolltarif für eine bestimmte, womöglich lange, Zeitperiode gegeben wird, während die Productionsunterschiede jeden Tag wechseln können.

Ein etwas zu hoher Zoll, die freie inländische Concurrenz vorausgesetzt, schadet wenig oder nichts; — ein etwas zu niedriger Zoll dagegen nützt zu gar nichts.

Dieser nach unsern Voraussetzungen unbestreitbare Satz gibt wohl den besten Fingerzeig, nach welcher Seite hin, von der möglichst richtigen Berechnung der Ausgleichszollsätze ausgehend, die einzelnen Tarifsclassen begränzt und die Positionen abgerundet werden müssen. Zerfiele z. B. eine Waarengattung in drei Unterabtheilungen, welche alle geschützt werden sollen; würde ferner die Ausgleichung der Productionskosten bei der ersten Unterabtheilung 3 Gulden, bei der zweiten 4 und bei der dritten 5 Gulden betragen; und will man endlich nur Einen Zollsatz für die ganze Gattung annehmen, — so kann dieß nur geschehen, indem für denselben 5 Gulden angesetzt werden, nicht aber etwa indem auf den mittleren Durchschnitt gegriffen würde.

Sehr zu beachten in dieser Hinsicht ist auch das früher erwähnte Herüberwerfen der Erzeugungsüberschüsse fremder Länder über den Bedarf ihres Marktes namentlich zu Zeiten ungewöhnlicher Geschäftsstagnation. Bei Fabricationsartikeln, in welchen dieß erfahrungsgemäß häufig vorkommt, muß dem für gewöhnliche Zeiten berechneten Ausgleichungssatze noch eine Quote zugelegt werden; die inländische Concurrenz richtet sich dann von selbst darnach ein, diese Gefahr der ungünstigen Ausnahmsconjuncturen bei den gewöhnlichen Verkaufscalculationen mit in Rechnung zu ziehen. Der Durchschnittsgewinn derselben kann darum doch um keinen Pfennig über das landesübliche Maaß hinausgehen, ohne wieder von selbst in's Gleichgewicht zu kommen.

Wir sprechen, wie früher gesagt, dem Argumente der Gegner, bezüglich der Trägheit vieler Industriellen, durchaus nicht principiell die Berechtigung ab. Es kann aber nur förmlich der Prohibition gleichkommenden Zollsätzen gegenüber Geltung haben, und auch nur da, wo eine kräftige innere Concurrenz nicht vorauszusetzen ist, welche sich auf jeden Industriezweig wirft, dessen Gewinn durch die Gunst der Umstände über das Normale steigt. Gehen aber unsere Gegner von der Anschauung aus, daß die auswärtige Concurrenz nicht blos ein mögliches Uebermaß des Gewinnes verhindern, sondern dazu dienen solle, die schon bestehenden Industrieunternehmungen, die nun doch fortarbeiten müssen, ob mit Nutzen oder mit Schaden, in ihren Betriebsresultaten so tief als möglich unter das gewöhnliche Niveau zu drücken, — so wäre dieß nicht sehr edel gedacht und würde sich auch durch die Abschreckung jedes industriellen Unternehmungsgeistes rasch genug an dem ganzen Lande rächen.

Alle diese Einwürfe, Rede und Gegenrede, sind ernst genug. Aber wirklich komisch wirkt es, wenn wir in den publicistischen Organen unserer Kathederwirthschafter practische Rathschläge an die österreichischen Industriellen, über Einführung neuer Maschinen, Einrichtung von Dampfbetrieb an Stelle der Wassermotoren &c. &c. etwa nach folgendem Muster lesen;

„— — So beruht beispielsweise die Ueberlegenheit „der ausländischen Schafwollweberei vielleicht zum weit„größten Theile auf dem mechanischen Stuhle; die allge„meine Einführung desselben in Brünn ist ein unabweis„liches Gebot. Nur der mechanische Stuhl macht den Fabri„kanten bei den meisten Artikeln von der Walke unabhängig „und setzt ihn in den Stand eine egale Waare zu liefern. „Die schon begonnene Einführung desselben in Brünn „würde aber bei einer bedeutenden Erhöhung des Zoll„tarifs gewiß unterbleiben.“

Auf derartige Lectionen im practischen Geschäftsbetrieb von literarischer Seite möchten wir erwiedern:

„Meine Herren Professoren! Meine Herren Journalisten! „Es mag ihnen vielleicht sehr anmaßend erscheinen, wenn ein Mann, welcher keine Facherziehung für den literarischen Beruf erhalten hat, mitten aus dem Markte des geschäftlichen Lebens heraus, sich unterfängt an dem Federkriege der beiden großen volkswirthschaftlichen Parteien thätigen Antheil nehmen zu wollen. Immerhin werden die Erfahrungen und Anschauungen der geschäftlichen Praxis vielleicht hie und da eine Lücke auszufüllen im Stande sein, welche die theoretische Argumentation offen gelassen hat und es kann den Freiwilligen aus denjenigen Classen der Bevölkerung, welche schließlich den Kampfpreis in erster Linie zu zahlen haben, nicht verwehrt sein, neben den regulären Truppen zu kämpfen, in ihre Lücken einzutreten und ihre schwachen Positionen zu verstärken. Nur muß sich ein solcher Freiwilliger auf dem Felde der Literatur wohl hüten, den Fachsoldaten Unterricht in der Federkriegskunst und in den literarischen Handgriffen geben zu wollen."

„Um wie viel es nun bei Voraussetzung entsprechender allgemeiner Bildung für den Geschäftsmann leichter ist, sich in theoretischen Fragen zurechtzufinden, als für den Schriftsteller oder den Mann der Wissenschaft, sich auf dem Boden der geschäftlichen Praxis zu bewegen, wollen wir hier nicht festzustellen suchen, — — schwieriger dürfte es keinenfalls sein."

„Wir erlauben uns daher, Ihnen dringend anzurathen, es den Industriellen und ihren Fabriksingenieuren zur Bestimmung zu überlassen, welche Art des technischen Betriebes für ihre Unternehmungen die entsprechendste und vortheilhafteste sei. Die Fabrikanten sowohl als ihre technischen Beamten werden darin unzweifelhaft sehr oft irren, werden wahrscheinlich sehr Vieles übersehen, und auch vielleicht durch Mangel an Rührigkeit Manches unterlassen, was an Verbesserungen in ihrer Macht gestanden wäre. Aber, wenn denselben auch zuweilen eine nützliche Detailmittheilung aus Dinglers polytechnischem Journal entgehen sollte, — so unzurechnungsfähig sind sie doch nicht, daß sie von noch so schätzenswerthen Personen, welche aber vom practischen Geschäftsbetriebe nichts verstehen, erst über die technischen Grundlagen der Prosperität ihrer Unternehmungen aufgeklärt werden müßten."

„Während z. B. an einem Orte der Dampfbetrieb eine Nothwendigkeit ist, würde er an einem andern ein Unternehmen in wenig Jahren zu Grunde richten. Stehen Ihnen denn, meine Herren, für die verschiedenen Möglichkeiten technischer Einrichtungen in den Fabriken die Daten über Anschaffungspreis der Maschinen, Amortisationsquote, Kraftverbrauch und Arbeitsersparungen, sowie die Kenntniß der technischen und commerciellen Consequenzen der Systemänderungen zu Gebote? — Und wenn Ihnen dieselben zu Gebote stehen, können Sie die richtige mathematische Calculation damit aufstellen und können Sie diese mathematische Calculation durch das Urtheil practischer Geschäftserfahrung controliren und rectificiren? — Oder meinen Sie, all' das sei zu gedeihlicher Behandlung solcher Fragen nicht nothwendig?" —

„Halten Sie es wirklich für möglich, daß der einzelne Fabrikant, der hundert dem seinigen gleichartige Unternehmen im Lande an seiner Seite hat, eine so einfache und glatt auf der Hand liegende Maaßregel, durch welche er sich dem Auslande gegenüber concurrenzfähig machen würde, und daher auch im Inlande an und für sich einen viel höhern Geschäftsertrag erzielen müßte, blos deßhalb nichts ins Werk setzt, weil ihm dieß der Herr Doctor Soundso, der es eben erst im Conversationslexicon gelesen hat, mitzutheilen und eindringlich anzuempfehlen noch nicht in der Lage war."

„Gesetzt den Fall, die Maaßregel wäre wirklich so einfach, so practisch und so wirksam, als Sie behaupten, sie unterbleibt aber dennoch, — — soll ich Ihnen, meine geehrten Herren, im Vertrauen auf Ihre Verschwiegenheit das Geheimniß mittheilen, warum dann die betreffenden Industriellen sich gegen die Einführung einer solchen großartigen Neuerung ablehnend verhalten?"

„Aber, bitte, verrathen Sie mich nicht!"

. . . .

. . . .

„Weil sie dann kein Geld dazu haben. Nehmen Sie Gift darauf.“

Export! Export!

All' diesen Jammer, diese Schwächen, diese Unzulänglichkeiten und diesen Buckel voll Lasten sollen wir, weil er uns zu Hause zu schwer wurde, nun recht, recht weit ins Ausland tragen!

Export, Export! Dieß ist der Köder, der unserm gewerblichen Publicum von unsern schlauen Gegnern im Lande und außer dem Lande hingeworfen wird und nach welchem dieses Publicum mit Begier beißt, weil das gewöhnliche Futter nicht reicht. Die Logik der Gegner ist scharf und richtig und wird allen denen bald klar gemacht werden, welche in das Geschrei nach Export eingestimmt haben:

„Wenn Ihr da, wo die natürlichen Bedingungen dazu nicht „vorhanden sind, mit künstlichen Mitteln einen industriellen Export „erzwingen wollt, so sind nur zwei Fälle denkbar. Entweder ihr „schenkt das, was ihr ausführt den Fremden und das werdet ihr „schwerlich wollen; oder ihr wollt, daß man Euch den Gegenwerth „dafür hereinschickt, dann habt ihr den Import und zwar, da ihr „Bodenproducte im Lande genug habt, den Import von Industrie„producten. Ihr, exportirende Schutzzöllner, und wir, importirende „Freihändler, wollen also ganz das Gleiche.“

Export, Export! auch einer von diesen Phrasenballons, die so von Zeit zu Zeit losgelassen werden, um die Augen des Publicums vom reellen Boden der Arbeit und Sparsamkeit abzuziehen und ins Blaue zu lenken. Um den Gaffern Gelegenheit zum Gaffen und den Schwätzern zum Schwätzen zu geben. Da war erst der Ballon vom wirthschaftlichen Aufschwung — er ist geplatzt und hat ungeheuern Gestank zurückgelassen. Dann kam der Ballon vom Kleingewerbe, der wollte gar nicht fliegen und schrumpft jetzt in irgend einer vergessenen Ecke auf der sanften Unterlage einiger Ballen Expertisenberichte träge in sich zusammen: Was wird dieses neuesten, luftigen Wesens Schicksal sein?

Der volkswirthschaftliche Nothstand des Kleingewerbes fällt in hohem Grade mit demjenigen der Großindustrie zusammen. Ist jener bisher für das Individuum theilweise drückender gewesen, so wird dieser nach und nach in's Fleisch des Volkes viel tiefer einschneiden und den Gesammtkörper weit fühlbarer ergreifen, wenn erst der allmähliche Blutverlust der Unternehmer diese der Kraft nach und nach berauben wird, den Betrieb ihrer Werke und damit die Beschäftigung und Ernährung der Arbeitermassen ihren ungestörten Fortgang nehmen zu lassen. — Nachdem sich Wohlthätigkeitsanstalten wohl für eine größere oder geringere Anzahl von Individuen einer Classe, nicht aber für eine nach Hunderttausenden oder in die Millionen von Individuen zählenden Gesellschaftsklasse selbst errichten lassen, — so wird sich der Hauptsache nach die Fürsorge, welche man dem Kleingewerbe als solchem angedeihen lassen kann, darauf beschränken, zu erforschen und unter den Massen zu verbreiten, welche Zweige der Gewerbsthätigkeit heute noch mit Erfolg vom Kleingewerbe betrieben werden können, und welche derselben in Folge technischer oder ökonomischer Fortschritte und Umwälzungen der Großindustrie zugefallen sind. *)

Aber ob klein, ob groß, das Gewerbe in Oesterreich leidet, und zwar um so mehr, je weniger es für den unmittelbaren und localen Bedarf des großen Publicums arbeitet, und je mehr es auf einen

*) Unsere Gegner werden uns der gröbsten Inconsequenz zeihen, daß wir zu gleicher Zeit für gewerblichen Fortschritt und für wirthschaftlichen Rückschritt eintreten; daß, während wir auf der einen Seite für die Freiheit sprechen, wir auf der andern den Zwang vertheidigen. — Unsere Rechtfertigung liegt eben darin, daß ihre Anschauung über wirthschaftlichen Fort- und Rückschritt der unsern recht gründlich entgegengesetzt ist; daß bei den Fragen von Gewerbefreiheit und Zollschutz nicht die Begriffe von Freiheit und Unfreiheit uns leiten, sondern blos das Interesse der wirthschaftlichen Gesammtentfaltung des Reiches. Zoll- und Gewerbegesetzgebung sind uns Mittel zu diesem Zwecke. Wir stehen erstens auf dem Standpuncte der Arbeitsökonomie, von welchem aus wir die Frachtvergeudung bei Trennung der Agricultur vom Gewerbe ebenso verurtheilen, wie die Arbeitsvergeudung eines mangelhaften technischen oder commerciellen Betriebes. Zweitens bewegen wir uns im Namen der nationalen Oekonomie, und überlassen es unsern Nachbarn für das materielle Gedeihen ihrer Länder zu sorgen, — sowie den Herren Professoren und Idealisten, die Principien der kosmischen Harmonie auf die Lehre vom Güterverkehr der gesammten Menschheit zu übertragen.

complicirten technischen Betrieb im Großen angewiesen ist, je mehr endlich die manuelle Arbeitsthätigkeit des Einzelnen gegen die Summe der übrigen Momente der Erzeugung zurücktritt. Bei denjenigen Gewerben, welche durch das Unternehmungsfieber zu Anfang dieses Decenniums sehr in Athem gehalten wurden, trat die Nothlage erst längere Zeit nach Ausbruch der Speculationskrisis ein. Bei den davon unberührten Industrien aber war die böse Geschäftszeit dieser Krisis schon ein gutes Stück vorausgegangen, und zwar diejenigen unter denselben, welche durch die Nachtragsconvention mit England vom Jahre 1869 am meisten berührt worden waren und welche die westeuropäische Concurrenz am unmittelbarsten auszuhalten haben, sind am empfindlichsten betroffen worden und heute noch am härtesten niedergedrückt. — Ein merkwürdiger Zufall, nicht wahr, meine Herren Aerzte, daß gerade zur Zeit, wo Ihre Kräftigungsarznei dem an Trägheit des Blutes leidenden Patienten auf ihre Anordnung so reichlich eingegeben wurde, dieser die gallopirende Schwindsucht bekommt! Wirklich recht fatal!

— — — — Wir haben dieses Büchlein zunächst nicht geschrieben, um ein in's Einzelne ausgearbeitetes Programm darin aufzustellen, noch weniger um ein Wunder- und Universalmittel für unsere wirthschaftlichen Leiden auszukramen und anzupreisen; sondern um in dem ernsten Zeitpuncte, wo im Kampfe der entgegengesetzten Anschauungen die Richtung für unsere wirthschaftliche Zukunft auf lange hinaus gegeben werden kann, für ein Princip einzutreten, welchem nicht, wie unsere gemäßigten Gegner sagen, den Consequenzen vergangener wirthschaftlichen Irrthümer zu Liebe einige Opfer gebracht werden müssen, sondern welches wir aus voller Ueberzeugung für das unsern allgemeinen wirthschaftlichen Lebensbedingungen einzig entsprechende halten. Diese Blätter wurden geschrieben, um vom speciell österreichischen Standpuncte aus das ganze Rüstzeug unserer Gegner, wie es auch hier wieder ohne viel neue Zuthaten aufgefahren wird, einer scharfen Besichtigung zu unterziehen und auf diese altbekannten Waffen- und Monturstücke etwas scharf zu klopfen, damit wir sehen, was davon Widerstand leisten mag. Wir überlassen es dem Leser, zu beurtheilen, ob sich da mehr oder weniger

Material unverwendbar oder doch ungefährlich gezeigt hat; vielleicht wird er uns beistimmen, wenn wir uns dahin äußern, daß uns das Arsenal der Interessen unserer Gegner, speciell der auswärtigen, sehr gefährlich dünkt, daß wir aber all die glänzenden Stücke, die da als allgemein wissenschaftliche, philanthropische oder gar patriotische Gründe in's Feld geführt werden, der Hauptsache nach als Theaterwaffen ansehen, mit denen das Vaterland nicht gerettet werden kann.

Trotz dieser hauptsächlich polemisch-kritischen Aufgabe unserer Schrift, wollen wir es nicht unterlassen, die practischen Ergebnisse unserer hier geäußerten Anschauungen zum Schlusse zu sammeln, und wenn dieß dann doch einem Programm oder dem Bruchstücke eines Programms gleichsieht, so wird der etwaige Werth dieser Arbeit nicht darunter leiden.

Unser Verlangen bezüglich der wirthschaftlichen Politik Oesterreichs geht nach allseitiger Hebung und Förderung der gewerblichen Production im Rahmen des inländischen Bedarfes bis zur möglichst vollständigen Emancipation desselben von den Gewerbserzeugnissen des Auslandes, und zur Reduction der Nothwendigkeit unseres Exports an Rohmaterialien und Fabricaten auf den Gegenwerth für den Bedarf an Gütern, welche das Inland mit Vortheil für die Allgemeinheit nicht hervorzubringen im Stande ist.

Wir verlangen ferner, nachdem die Productionsbedingungen für gewerbliche Werthe im Inlande meistens wesentlich ungünstiger sind als in den westlichen Industriestaaten, — zur Erreichung dieses Zieles die Aufstellung eines Zolltarifes, welcher der Differenz der Erzeugungskosten zwischen Oesterreich und den vorgeschrittensten Industriegebieten Europas einschließlich der wahrscheinlichen Gefahr des Imports der Productionsüberschüsse fremder Länder in vollem Maaße Rechnung trägt.

Wir verlangen speciell für die wichtigsten Industrieartikel, welche einer fremden Concurrenz unterliegen, einen gesteigerten Zollschutz für die Gewichtseinheit der höheren Feinheitsgrade, nachdem bei denselben die Summe der in einer solchen Einheit enthaltenen Erzeugungskosten und mit diesen letzteren auch die Differenz derselben gegen diejenigen des Auslandes mit der Feinheit wachsen muß; damit nicht wie bisher die österreichische Masseninduſtrie auf das Gebiet der allergröbsten und uneinträglichsten gewerblichen Production beschränkt bleibe.

Wir verlangen dringend die Rettung für alle die großen Capitalien, welche in den bestehenden Industrien angelegt sind, und deren Werth durch die geschäftliche Unwissenheit, mit welcher österreichischerseits dem pfiffigen Verlangen der Engländer bezüglich des Zusammenwerfens von Tarifspositionen bei Abschluß des englischen Handelsvertrages und der Nachtragsconvention zu demselben willfahrt wurde, auf das gefährlichste bedroht oder selbst theilweise empfindlich geschädigt ist.

Wir flehen im Interesse der Wiederkehr des öffentlichen Vertrauens und des gesunden gewerblichen Unternehmungsgeistes um Sicherheit für die Zukunft, um das endliche Aufhören der Experimente geschäftsunkundiger Theoretiker mit dem Wohlstande und den Existenzbedingungen großer und wichtiger Classen des Nährstandes, um Schutz gegen die unaufhörlichen Systemänderungen, heimlichen Abmachungen und verhängnißvollen Ueberraschungen; damit das Capital sich berechtigterweise wieder herauswagen darf zu gewerblichen Unternehmungen, damit die Calculationen, welche heute die Rentabilität eines Geschäftsunternehmens erwiesen haben, nicht umgestürzt sind, bevor das Haus unter Dach und die Maschinen in Gang gebracht sind.

Wir bitten um gesetzliche Gewährleistung dafür, daß ein neuer, durch Compromiß aller berechtigten Interessenten in rationeller Weise zu Stande gebrachter Zolltarif für eine entsprechende Anzahl Jahre als unverrückbares Minimum der Zollpositionen zu gelten habe, damit dieser Tarif nicht wieder durch Specialverträge mit fremden Staaten durchlöchert und schließlich illusorisch gemacht werde, wie dieß bei dem Tarife von 1853 der Fall war.

Wir wünschen, daß das aus den Bedürfnissen des localen Grenzverkehrs entsprungene mit der Zeit übermäßig ausgedehnte Appreturverfahren, nachdem seine sofortige Aufhebung in Rücksicht auf die durch dasselbe hervorgerufenen Consequenzen unmöglich erscheint, doch nach Thunlichkeit eingeschränkt, womöglich mäßig besteuert und nach einer jetzt zu bestimmenden kurzen Anzahl Jahre gänzlich aufgehoben werde.

Wir befürworten die rationelle und zeitgemäße Reorganisation des ganzen Verzollungsverfahrens zur Vermeidung von Zolldefraudationen im Sinne des protectionistischen Princips und die Durchführung desselben auf so energische und sachgemäße Weise, wie etwa die Bemessung, Einhebung und Controle der directen Steuern vorgenommen wird. Nordamerika und Frankreich würden dabei sicherlich ausgezeichnete Vorbilder abgeben.

Wir dringen endlich auf die Regelung des Eisenbahntarifwesens in der Art, daß der interne Verkehr gegen denjenigen mit dem Auslande nicht in ungebührlicher Weise verkürzt und auf diese Weise der Zollschutz für die österreichische Industrie zum Theile reducirt, zum Theile auch ganz seiner Wirkung beraubt wird, wie dieß heute eine Reihe von unglaublich crassen Beispielen darthut. Wir ersuchen zugleich um principielle Regelung, um Vereinfachung und Popularisirung des Eisenbahntarifwesens, damit dasselbe, was heute unmöglich ist, von der Geschäftswelt verstanden, beurtheilt und dieses Urtheil zugleich practisch verwerthet werden könne.

Noch einen Wunsch möchten wir in aller Bescheidenheit aussprechen. Wir wünschen den Ungarn die Einsicht, daß es nicht in ihrem Vortheile liege, die Durchführung des österreichisch-ungarischen Zoll- und Handelsbündnisses und die Einhaltung des gemeinschaftlichen Zolltarifes durch laxe Handhabung dieses Letzteren an ihren Reichsgränzen illusorisch zu machen. Aber wir haben schon genug gewünscht. Man muß sich bescheiden und nicht das Unmögliche verlangen. Sind doch schon in das österreichische Gewerbspublicum Befürchtungen gedrungen, daß unsere Brüder in ihrer Geldnoth bei Gelegenheit einer Anleihe in England eine Zusage machen könnten, welche lebhaft an ein vor etlichen tausend Jahren abgeschlossenes Geschäft erinnert, worin das Erstgeburtsrecht eines künftigen Volkes um ein Linsengericht hintangegeben wurde — mit knurrendem Magen wie mit leerer Tasche versteht man sich eben zu Manchem, was man nachher nicht rechtfertigen kann.

Was uns die Zukunft noch Alles für Bescheerungen bringen wird, wir wissen es nicht; aber machen wir uns auf viel Schlimmes gefaßt! Unsere Gegner, das heißt die Auswärtigen, sind klug, sind energisch, sind consequent; sie haben ein starkes Interesse an der Durchführung ihrer Absichten und es stehen ihnen zur Förderung derselben große materielle Mittel zu Gebote.

Das Recht des Stärkeren ist aber in der Gegenwart als Recht des Reicheren wieder auferstanden.

Die allerjüngste Vergangenheit hat uns in nächster Nähe gezeigt, mit welcher widerlichen Frechheit die Organe der Corruptionäre, groß und klein, den Dienst ihrer Herren und Meister oder auch ihrer jeweiligen Miether dem Publicum gegenüber versehen. Sie werden immer das Lied dessen singen, dessen Brod sie essen und keinen Unterschied machen, ob ihnen dasselbe vom Innlande oder vom Auslande gereicht wird.

Dem Gelde der Fremden und dem Mangel an Einsicht unserer östlichen Genossen über ihre eigenen Interessen, droht auch jetzt wieder die wirthschaftliche Zukunft beider Reichshälften geopfert zu werden. Schon sind die würdigen Federn in Thätigkeit, welche, des Rückhalts an der Bevölkerung des eigenen Landes entbehrend, das wirthschaftliche Unverständniß der Ungarn als Bundesgenossen anrufen und durch Brandartikel hiesiger Blätter drüben eine künstliche Opposition schüren und anfachen, damit von dort aus der Schild erhoben werde, um das gloriose Vertragswerk der Jahre 1865 bis 1869 zu schützen, damit Saft und Kraft unseres Landes nach wie vor ins Ausland rinne, damit wir nach wie vor zur Füllung des englischen Säckels im Schweiße unseres Angesichts die Pflugschaar führen und die Halme schneiden, damit wir nach wie vor arm, schwach und mißachtet bleiben.

Und nebenbei Theilnahmslosigkeit und wirthschaftliche Unkenntniß unserer sogenannten gebildeten Kreise; Egoismus, Spaltung und Befehdung unter den Industriellen der verschiedenen Gruppen; die Glieder der Einen legen die Hände in den Schoß; die der Anderen trachten, für sich die möglichsten Vortheile zu erreichen, ohne Rücksicht oder sogar auf Kosten der Genossen in den anderen Zweigen der Industrie. — Wann wird sich endlich das mächtige, unumstößliche Bewußtsein der Solidarität aller Classen des Nährstandes vom letzten Ackerknecht bis zum ersten Großindustriellen, vom mächtigsten Majoratsherren des großen Landbesitzes bis zum Lehrjungen in der Werkstatt in unserer Heimath Geltung verschaffen? Wann wird insbesondere im Gewerbe die Einsicht durchdringen, daß ein einzelner Zweig der Industrie nicht blühen kann, wenn nicht alle auf gesundem Boden stehen? Daß nicht nur der Maschinenfabrikant vom Textilindustriellen, der Spinner vom Weber, der Weber vom Drucker abhängt, sondern daß dieß auch umgekehrt der Fall ist! Daß die Producenten von Zucker, Papier, Glas, Metallen und allen anderen Erzeugnissen menschlicher Betriebsamkeit in ihrem eigenem Fleische wühlen, wenn sie auf Kosten ihrer Genossen ihren Vortheil zu wahren meinen! Daß der Werth von Grund und Boden und der Werth der ländlichen Arbeit nur dann auf sichere Weise gesteigert werden kann, wenn Landwirthschaft und Gewerbe sich zu Schutz und Trutz die Hände reichen, um der Gesammtentfaltung der heimischen Arbeit eine sichere Grundlage zu bereiten.

Dann aber wird auch der Wohlstand in großem Maaße wachsen. Mit jeder neuen Unternehmung eines Zweiges der Arbeitsthätigkeit wird diejenige aller andern Zweige erfolgreicher und lohnender werden. Dann birgt die Errichtung jeder neuen Fabrik durch Schaffung des Bodens für die Hülfsgewerbe den Keim zu zehn neuen Unternehmungen in sich. Dann werden die bestehenden Industrien dadurch, daß sie jene Hilfsgewerbe an der Seite haben, billiger und concurrenzfähiger produciren. Dann werden, mit dem Wachsthum von Zahl und Bedeutung der industriellen Werke, die Steuereingänge reichlicher werden und der Steuersatz wird eine Ermäßigung erfahren können. Dann wird es möglich sein, durch die Steigerung des Verkehrs auch die Frachtsätze der Eisenbahnen zu ermäßigen; wir werden somit billigere Hilfs- und Brennstoffe haben. Dann wird mit dem Anwachsen der Capitalien auch der Capitalzins von der drückenden Höhe, welche derselbe in Oesterreich erreicht hat, sich demjenigen unserer westlichen Concurrenzländer nähern. Dann können alle jene Anstalten zur intellectuellen, sittlichen und physischen Heranbildung unseres Arbeiterstandes getroffen werden, welche nöthig sind, um es zu erreichen, daß wir nicht zu einer industriellen Arbeitsverrichtung vier Hände hinstellen müssen, zu welcher in England deren zwei ausreichen. Dann endlich wird in der Vervielfältigung des industriellen Lebens auch der industrielle Geist im Lande wachsen, wir werden unsere Aufseher, Monteure, Techniker und Directoren nicht mehr aus dem Auslande holen müssen; unsere Fabriken werden besser und billiger angelegt und geleitet werden, sich selbst und dem Lande zum Heile — — dann werden mit einem Worte alle jene Bedingungen der Concurrenzfähigkeit unserer Industrie sich ergeben, — nicht im Fluge zwar und auch nicht mühelos vom Himmel fallend, sondern nach langjähriger, harter, mühseliger Arbeit des ganzen Volkes — von welcher uns die Freihändler mit wohlfeiler Weisheit oder platter Ironie immer zurufen, wir sollten lieber durch deren Gewinnung unsere Industrie zu schützen suchen als durch das widernatürliche Mittel der Zölle.

Allen denjenigen aber, welche in gutem Glauben zum Heile des österreichischen Volkswohlstandes im Allgemeinen, und der kranken österreichischen Industrien insbesondere, in Wirklichkeit aber zur innerlichen Freude unserer freihändlerischen Gegner blind der Hebung unseres Exports als dem wünschenswerthesten Gute nachjagen und nachschreien, anstatt im eigenen Lande mit dem Aufgebote aller Zähigkeit und Thatkraft das Gebiet wieder zu erobern, welches die Verschlagenheit der Fremden dem Unverstande der Uns'rigen entrissen hat, rufen wir zum Abschiede noch Göthe's bekannte Worte zu:

„Willst Du immer weiter schweifen,
„Sieh, das Gute liegt so nah" — — — — —.

Druck von Metzger & Wittig in Leipzig.

Kolibri 360 GmbH
Ferdinand-Jühlke-Straße 7
99095 Erfurt, Deutschland
produktsicherheit@kolibri360.de